Guttentagsche Sammlung
Nr. 120. Deutscher Reichsgesetze. Nr. 120.
Textausgaben mit Anmerkungen.

Das Telegraphenwege-Gesetz

vom 18. Dezember 1899

nebst der

Ausführungsanweisung vom 26. Januar 1900

Textausgabe mit Überblick und Anmerkungen unter besonderer Berücksichtigung der Entscheidungen des Reichsgerichts

von

C. Wolf
Post-Referendar
an der Kaiserlichen Ober-Postdirektion in Cöln.

Berlin 1916.
J. Guttentag, Verlagsbuchhandlung,
G. m. b. H.

Inhalt.

Abkürzungen.

Abs	=	Absatz.
Abschn	=	Abschnitt.
Abt	=	Abteilung.
AG	=	Aktien-Gesellschaft.
Anl	=	Anlage.
Anm	=	Anmerkung.
Art	=	Artikel.
Ausf-Anw	=	Ausführungs-Anweisung des Reichskanzlers zum Telegraphenwege-Gesetz.
Begr	=	Begründung zu den §§ 5 und 6 des Entwurfs des Telegraphenwege-Gesetzes.
Ber	=	Bericht der Reichstagskommission zu den §§ 5 und 6 des Telegraphenwege-Gesetzes.
BGB	=	Bürgerliches Gesetzbuch.
BayG	=	Bayerisches Gesetz.
DRA	=	Deutscher Reichsanzeiger
EGBGB	=	Einführungsgesetz zum Bürgerlichen Gesetzbuch.
FGO	=	Fernsprech-Gebührenordnung.
G	=	Gesetz.
GVG	=	Gerichtsverfassungsgesetz.
HGB	=	Handelsgesetzbuch
O	=	Ordnung.
OPD	=	Ober-Postdirektion.
OVG	=	Entscheidung des Ober-Verwaltungsgerichts.
PG	=	Postgesetz.
PO	=	Postordnung.
RG	=	Entscheidung des Reichsgerichts in Zivilsachen.
RG	=	Entscheidung des Reichsgerichts in Strafsachen.
RGBl	=	Reichs-Gesetzblatt.
RTG	=	Reichs-Telegraphengebiet.
RTV	=	Reichs-Telegraphenverwaltung.

RV = Reichsverfassung.
StrGB = Strafgesetzbuch des Deutschen Reichs.
TG = Telegraphengesetz.
TL = Telegraphenlinie.
TV = Telegraphenverwaltung.
TWG = Telegraphenwege-Gesetz.
VA = Verkehrsämter.
Verw-Beh = Verwaltungsbehörde.
ZPO = Zivilprozeßordnung.

Literatur.

von Rohr, Das Telegraphenwege-Gesetz.
Dr. jur. A. Wolcke, Telegraphenrecht.
Dr. Fischer und Dr. König, Die deutsche Post- und Telegraphen-Gesetzgebung.
Dr. M. Stenglein, Die Post-, Bahn- und Telegraphen-Gesetzgebung.
Dr. F. Scholz, Öffentliches Post- und Telegraphenrecht im Grundriß.
Eger und Gorban, Post-, Telegraphen- und Telephonrecht.
Eger, Gesetz über Kleinbahnen und Privatanschlußbahnen.
Rudorff, Entscheidungen des Reichsgerichts in Zivilsachen.
Germershausen, Das Wegerecht und die Wegeverwaltung.

I. Telegraphenwege-Gesetz

vom 18. Dezember 1899 (RGBl. S. 705).

Wir Wilhelm, von Gottes Gnaden Deutscher Kaiser, König von Preußen usw., verordnen im Namen des Reichs, nach erfolgter Zustimmung des Bundesrats und des Reichstags, was folgt:

§ 1. Die Telegraphenverwaltung ist befugt, die Verkehrswege für ihre zu öffentlichen Zwecken dienenden Telegraphenlinien zu benutzen, soweit nicht dadurch der Gemeingebrauch der Verkehrswege dauernd beschränkt wird. Als Verkehrswege im Sinne dieses Gesetzes gelten mit Einschluß des Luftraums und des Erdkörpers die öffentlichen Wege, Plätze, Brücken und die öffentlichen Gewässer nebst deren dem öffentlichen Gebrauche dienenden Ufern.

Unter Telegraphenlinien sind die Fernsprechlinien mitbegriffen.

§ 2. Bei der Benutzung der Verkehrswege ist eine Erschwerung ihrer Unterhaltung und eine vorübergehende Beschränkung ihres Gemeingebrauchs nach Möglichkeit zu vermeiden.

Wird die Unterhaltung erschwert, so hat die Telegraphenverwaltung dem Unterhaltungspflichtigen die aus der Erschwerung erwachsenden Kosten zu ersetzen.

Nach Beendigung der Arbeiten an der Telegraphenlinie hat die Telegraphenverwaltung den Verkehrsweg sobald als möglich wieder instand zu setzen, sofern nicht der Unterhaltungspflichtige erklärt hat, die Instandsetzung selbst vornehmen zu wollen. Die Telegraphenverwaltung hat dem Unterhaltungspflichtigen die Auslagen für die von ihm vorgenommene Instandsetzung zu vergüten und den durch die Arbeiten an der Telegraphenlinie entstandenen Schaden zu ersetzen.

§ 3. Ergibt sich nach Errichtung einer Telegraphenlinie, daß sie den Gemeingebrauch eines Verkehrswegs, und zwar nicht nur vorübergehend, beschränkt oder die Vornahme der zu seiner Unterhaltung erforderlichen Arbeiten verhindert oder die Ausführung einer von dem Unterhaltungspflichtigen beabsichtigten Änderung des Verkehrswegs entgegensteht, so ist die Telegraphenlinie, soweit erforderlich, abzuändern oder gänzlich zu beseitigen.

Soweit ein Verkehrsweg eingezogen wird, erlischt die Befugnis der Telegraphenverwaltung zu seiner Benutzung.

In allen diesen Fällen hat die Telegraphenverwaltung die gebotenen Änderungen an der Telegraphenlinie auf ihre Kosten zu bewirken.

§ 4. Die Baumpflanzungen auf und an den Verkehrswegen sind nach Möglichkeit zu schonen, auf das Wachstum der Bäume ist tunlichst Rücksicht zu nehmen. Ausästungen können nur insoweit verlangt werden, als sie zur Herstellung der Telegraphenlinien oder zur Verhütung von Betriebsstörungen erforderlich sind; sie sind auf das unbedingt notwendige Maß zu beschränken.

Die Telegraphenverwaltung hat dem Besitzer der Baumpflanzungen eine angemessene Frist zu setzen, innerhalb welcher er die Ausästungen selbst vornehmen kann. Sind die Ausästungen innerhalb der Frist nicht oder nicht genügend vorgenommen, so bewirkt die Telegraphenverwaltung die Ausästungen. Dazu ist sie auch berechtigt, wenn es sich um die dringliche Verhütung oder Beseitigung einer Störung handelt.

Die Telegraphenverwaltung ersetzt den an Baumpflanzungen verursachten Schaden und die Kosten der auf ihr Verlangen vorgenommenen Ausästungen.

§ 5. Die Telegraphenlinien sind so auszuführen, daß sie vorhandene besondere Anlagen (der Wegeunterhaltung dienende Einrichtungen, Kanalisations-, Wasser-, Gasleitungen, Schienenbahnen, elektrische Anlagen und dergleichen) nicht störend beeinflussen. Die aus der Herstellung erforderlicher Schutzvorkehrungen erwachsenden Kosten hat die Telegraphenverwaltung zu tragen.

Die Verlegung oder Veränderung vorhandener besonderer Anlagen kann nur gegen Entschädigung und nur dann verlangt werden, wenn die Benutzung des Verkehrswegs für die Telegraphenlinie sonst unterbleiben müßte und die besondere Anlage anderweit ihrem Zweck entsprechend untergebracht werden kann.

Auch beim Vorhandensein dieser Voraussetzungen hat die Benutzung des Verkehrswegs für die Telegraphenlinie zu unterbleiben, wenn der aus der Verlegung oder Veränderung der besonderen Anlage entstehende Schaden gegenüber den Kosten, welche der Telegraphenverwaltung aus der Benutzung eines anderen ihr zur Verfügung stehenden Verkehrswegs erwachsen, unverhältnismäßig groß ist.

Diese Vorschriften finden auf solche in der Vorbereitung befindliche besondere Anlagen, deren Herstellung im öffentlichen Interesse liegt, entsprechende Anwendung. Eine Entschädigung auf Grund des Abs. 2 wird nur bis zu dem Betrage der Aufwendungen gewährt, die durch die Vorbereitung entstanden sind. Als in der Vorbereitung begriffen gelten Anlagen, sobald sie auf Grund eines im einzelnen ausgearbeiteten Planes die Genehmigung des Auftraggebers und, soweit erforderlich, die Genehmigungen der zuständigen Behörden und des

Eigentümers oder des sonstigen Nutzungsberechtigten des in Anspruch genommenen Weges erhalten haben.

§ 6. Spätere besondere Anlagen sind nach Möglichkeit so auszuführen, daß sie die vorhandenen Telegraphenlinien nicht störend beeinflussen.

Dem Verlangen der Verlegung oder Veränderung einer Telegraphenlinie muß auf Kosten der Telegraphenverwaltung stattgegeben werden, wenn sonst die Herstellung einer späteren besonderen Anlage unterbleiben müßte oder wesentlich erschwert werden würde, welche aus Gründen des öffentlichen Interesses, insbesondere aus volkswirtschaftlichen oder Verkehrsrücksichten von den Wegeunterhaltungspflichtigen oder unter überwiegender Beteiligung eines oder mehrerer derselben zur Ausführung gebracht werden soll. Die Verlegung einer nicht lediglich dem Orts-, Vororts- oder Nachbarortsverkehr dienenden Telegraphenlinie kann nur dann verlangt werden, wenn die Telegraphenlinie ohne Aufwendung unverhältnismäßig hoher Kosten anderweitig ihrem Zweck entsprechend untergebracht werden kann.

Muß wegen einer solchen späteren besonderen Anlage die schon vorhandene Telegraphenlinie mit Schutzvorkehrungen versehen werden, so sind die dadurch entstehenden Kosten von der Telegraphenverwaltung zu tragen.

Überläßt ein Wegeunterhaltungspflichtiger seinen Anteil einem nicht unterhaltungspflichtigen Dritten, so sind der Telegraphenverwaltung die durch die Verlegung oder Veränderung oder durch die Herstellung der Schutzvorkehrungen erwachsenden Kosten, soweit sie auf dessen Anteil fallen, zu erstatten.

Die Unternehmer anderer als der in Abs. 2 bezeichneten besonderen Anlagen haben die aus der Verlegung oder Veränderung der vorhandenen Telegraphenlinien oder aus der Herstellung der erforderlichen Schutzvorkehrungen an solchen erwachsenden Kosten zu tragen.

Auf spätere Änderungen vorhandener besonderer Anlagen finden die Vorschriften des Abs. 1 bis 5 entsprechende Anwendung.

§ 7. Vor der Benutzung eines Verkehrswegs zur Ausführung neuer Telegraphenlinien oder wesentlicher Änderungen vorhandener Telegraphenlinien hat die Telegraphenverwaltung einen Plan aufzustellen. Der Plan soll die in Aussicht genommene Richtungslinie, den Raum, welcher für die oberirdischen oder unterirdischen Leitungen in Anspruch genommen wird, bei oberirdischen Linien auch die Entfernung der Stangen voneinander und deren Höhe, soweit dies möglich ist, angeben.

Der Plan ist, sofern die Unterhaltungspflicht an dem Verkehrsweg einem Bundesstaat, einem Kommunalverband oder einer anderen Körperschaft des öffentlichen Rechtes obliegt, dem Unterhaltungspflichtigen, andernfalls der unteren Verwaltungsbehörde mitzuteilen; diese hat, soweit tunlich, die Unterhaltungspflichtigen von dem Eingange des Plans zu benachrichtigen. Der Plan ist in allen Fällen, in denen die Verlegung oder Veränderung einer der im § 5 bezeichneten Anlagen verlangt wird oder die Störung einer solchen Anlage zu erwarten ist, dem Unternehmer der Anlage mitzuteilen.

Außerdem ist der Plan bei den Post- oder Telegraphenämtern, soweit die Telegraphenlinie deren Bezirke berührt, auf die Dauer von vier Wochen öffentlich auszulegen. Die Zeit der Auslegung soll mindestens in einer der Zeitungen, welche im betreffenden Bezirke zu den Veröffentlichungen der unteren Verwaltungsbehörden dienen, bekannt gemacht werden. Die Auslegung kann unterbleiben, soweit es sich lediglich um

Führung von Telegraphenlinien durch den Luftraum über den Verkehrswegen handelt.

§ 8. Die Telegraphenverwaltung ist zur Ausführung des Planes befugt, wenn nicht gegen diesen von den Beteiligten binnen vier Wochen bei der Behörde, welche den Plan ausgelegt hat, Einspruch erhoben wird.

Die Einspruchsfrist beginnt für diejenigen, denen der Plan gemäß den Vorschriften des § 7 Abs. 2 mitgeteilt ist, mit der Zustellung, für andere Beteiligte mit der öffentlichen Auslegung.

Der Einspruch kann nur darauf gestützt werden, daß der Plan eine Verletzung der Vorschriften der §§ 1 bis 5 dieses Gesetzes oder der auf Grund des § 18 erlassenen Anordnungen enthält.

Über den Einspruch entscheidet die höhere Verwaltungsbehörde. Gegen die Entscheidung findet, sofern die höhere Verwaltungsbehörde nicht zugleich Landes-Zentralbehörde ist, binnen einer Frist von 2 Wochen nach der Zustellung die Beschwerde an die Landes-Zentralbehörde statt. Die Landes-Zentralbehörde hat in allen Fällen vor der Entscheidung die Zentral-Telegraphenbehörde zu hören. Auf Antrag der Telegraphenverwaltung kann die Entscheidung der höheren Verwaltungsbehörde für vorläufig vollstreckbar erklärt werden. Wird eine für vorläufig vollstreckbar erklärte Entscheidung aufgehoben oder abgeändert, so ist die Telegraphenverwaltung zum Ersatze des Schadens verpflichtet, der dem Gegner durch die Ausführung der Telegraphenlinie entstanden ist.

§ 9. Auf Verlangen einer Landes-Zentralbehörde ist den von ihr bezeichneten öffentlichen Behörden Kenntnis von dem Plane durch Mitteilung einer Abschrift zu geben.

§ 10. Wird ohne wesentliche Änderung vorhandener

Telegraphenlinien die Überschreitung des in dem ursprünglichen Plane für die Leitungen in Anspruch genommenen Raumes beabsichtigt und ist davon eine weitere Beeinträchtigung der Baumpflanzungen durch Ausästungen zu befürchten, so ist den Eigentümern der Baumpflanzungen vor der Ausführung Gelegenheit zur Wahrnehmung ihrer Interessen zu geben.

§ 11. Die Reichs-Telegraphenverwaltung kann die Straßenbau- und Polizeibeamten mit der Beaufsichtigung und vorläufigen Wiederherstellung der Telegraphenleitungen nach näherer Anweisung der Landes-Zentralbehörde beauftragen; sie hat dafür den Beamten im Einvernehmen mit der ihnen vorgesetzten Behörde eine besondere Vergütung zu zahlen.

§ 12. Die Telegraphenverwaltung ist befugt, Telegraphenlinien durch den Luftraum über Grundstücken, die nicht Verkehrswege im Sinne dieses Gesetzes sind, zu führen, soweit nicht dadurch die Benutzung des Grundstücks nach den zur Zeit der Herstellung der Anlage bestehenden Verhältnissen wesentlich beeinträchtigt wird. Tritt später eine solche Beeinträchtigung ein, so hat die Telegraphenverwaltung auf ihre Kosten die Leitungen zu beseitigen.

Beeinträchtigungen in der Benutzung eines Grundstücks, welche ihrer Natur nach lediglich vorübergehend sind, stehen der Führung der Telegraphenlinien durch den Luftraum nicht entgegen, doch ist der entstehende Schaden zu ersetzen. Ebenso ist für Beschädigungen des Grundstücks und seines Zubehörs, die infolge der Führung der Telegraphenlinien durch den Luftraum eintreten, Ersatz zu leisten.

Die Beamten und Beauftragten der Telegraphenverwaltung, welche sich als solche ausweisen, sind befugt, zur Vornahme notwendiger Arbeiten an Telegraphenlinien, insbesondere zur Verhütung und Beseitigung von Störungen, die Grundstücke nebst den darauf befindlichen Baulichkeiten und deren Dächer mit Ausnahme der abgeschlossenen Wohnräume während der Tagesstunden nach vorheriger schriftlicher Ankündigung zu betreten. Der dadurch entstehende Schaden ist zu ersetzen.

§ 13. Die auf den Vorschriften dieses Gesetzes beruhenden Ersatzansprüche verjähren in zwei Jahren. Die Verjährung beginnt mit dem Schlusse des Jahres, in welchem der Anspruch entstanden ist.

Ersatzansprüche aus den §§ 2, 4, 5 und 6 sind bei der von der Landes-Zentralbehörde bestimmten Verwaltungsbehörde geltend zu machen. Diese setzt die Entschädigung vorläufig fest.

Gegen die Entscheidung der Verwaltungsbehörde steht binnen einer Frist von einem Monat nach der Zustellung des Bescheids die gerichtliche Klage zu.

Für alle anderen Ansprüche steht der Rechtsweg sofort offen.

§ 14. Die Bestimmung darüber, welche Behörden in jedem Bundesstaat untere und höhere Verwaltungsbehörden im Sinne dieses Gesetzes sind, steht der Landes-Zentralbehörde zu.

§ 15. Die bestehenden Vorschriften und Vereinbarungen über die Rechte der Telegraphenverwaltung zur Benutzung des Eisenbahngeländes werden durch dieses Gesetz nicht berührt.

§ 16. Telegraphenverwaltung im Sinne dieses Gesetzes ist die Reichs-Telegraphenverwaltung, die Königlich bayrische und die Königlich württembergische Telegraphenverwaltung.

§ 17. Die Vorschriften dieses Gesetzes finden auf Telegraphenlinien, welche die Militärverwaltung oder die Marineverwaltung für ihre Zwecke herstellen läßt, entsprechende Anwendung.

§ 18. Unter Zustimmung des Bundesrats kann der Reichskanzler Anordnungen treffen:

1. über das Maß der Ausästungen;
2. darüber, welche Änderungen der Telegraphenlinien im Sinne des § 7 Abs. 1 als wesentlich anzusehen sind;
3. über die Anforderungen, welche an den Plan auf Grund des § 7 Abs. 1 im einzelnen zu stellen sind;
4. über die unter Zuziehung der Beteiligten vorzunehmenden Ortsbesichtigungen und über die dabei entstehenden Kosten;
5. über das Einspruchsverfahren und die dabei entstehenden Kosten;
6. über die Höhe der den Straßenbau- und Polizeibeamten zu gewährenden Vergütungen für die im Interesse der Reichs-Telegraphenverwaltung geforderten Dienstleistungen.

§ 19. Dieses Gesetz tritt am 1. Januar 1900 in Kraft.

Auf die vorhandenen, zu öffentlichen Zwecken dienenden Linien der Telegraphenverwaltung (§§ 16 und 17) findet dieses Gesetz Anwendung, soweit nicht entgegenstehende besondere Vereinbarungen getroffen sind.

Urkundlich unter Unserer Höchsteigenhändigen Unterschrift und beigedrucktem Kaiserlichen Insiegel.

Gegeben Neues Palais, den 18. Dezember 1899.

(L. S.) Wilhelm.

Fürst zu Hohenlohe.

II. Text des Gesetzentwurfs.

§ 1. Die Telegraphenverwaltung ist befugt, die Verkehrswege für ihre Telegraphenlinien zu benutzen, soweit nicht dadurch der Gemeingebrauch der Verkehrswege dauernd beschränkt wird. Als Verkehrswege im Sinne dieses Gesetzes gelten die öffentlichen Wege, Plätze, Brücken und die öffentlichen Gewässer nebst deren dem öffentlichen Gebrauche dienenden Ufern mit Einschluß des Luftraums und des Erdkörpers.

Unter Telegraphenlinien sind Fernsprechlinien mitbegriffen.

§ 2. Bei Benutzung der Verkehrswege ist eine Erschwerung ihrer Unterhaltung und eine vorübergehende Beschränkung ihres Gemeingebrauchs nach Möglichkeit zu vermeiden.

Wird die Unterhaltung erschwert, so hat die Telegraphenverwaltung die aus der Erschwerung erwachsenden Kosten zu ersetzen.

Nach Beendigung der Arbeiten an der Telegraphenlinie hat die Telegraphenverwaltung den Verkehrsweg sobald als möglich wieder instand zu setzen, sofern nicht der Unterhaltungspflichtige erklärt hat, die Instandsetzung selbst vornehmen zu wollen.

§ 3. Ergibt sich nach Errichtung einer Telegraphenlinie, daß sie den Gemeingebrauch eines Verkehrsweges dauernd beschränkt oder die Vornahme der zu seiner Unterhaltung erforderlichen Arbeiten verhindert, oder der Ausführung einer von dem Unterhaltungspflichtigen beabsichtigten Änderung des Verkehrsweges entgegensteht, so ist die Telegraphenlinie soweit erforderlich abzuändern oder gänzlich zu beseitigen.

Soweit ein Verkehrsweg eingezogen wird, erlischt die Befugnis der Telegraphenverwaltung zu seiner Benutzung.

In allen diesen Fällen hat die Telegraphenverwaltung die gebotenen Änderungen an der Telegraphenlinie auf ihre Kosten zu bewirken.

§ 4. Die Baumpflanzungen auf und an den Verkehrswegen sind nach Möglichkeit zu schonen. Ausästungen können nur insoweit verlangt werden, als dies zur Herstellung der Telegraphenlinien oder zur Verhütung von Betriebstörungen erforderlich ist; sie sind auf das unbedingt notwendige Maß zu beschränken.

Die Ausästungen sind von dem Besitzer der Baumpflanzungen zu bewirken. Hat die Telegraphenverwaltung dem Besitzer eine angemessene Frist zur Bewirkung der Ausästung bestimmt und erfolgt die Ausästung nicht innerhalb dieser Frist, so hat die Telegraphen-Verwaltung die Ausästung auf ihre Kosten selbst zu bewirken. Das gleiche gilt, wenn es sich um die dringliche Verhütung oder Beseitigung einer Störung handelt, oder wenn der Besitzer die Ausästung von der Telegraphenverwaltung verlangt.

Der an den Baumpflanzungen verursachte Schaden ist zu ersetzen.

§ 5. Die Telegraphenlinien sind nach Möglichkeit so auszuführen, daß sie vorhandene besondere Anlagen (Kanalisations-, Wasser-, Gasleitungen, Schienenbahnen, elektrische Anlagen u. dgl.) nicht störend beeinflussen. Die aus der Herstellung erforderlicher Schutzvorkehrungen erwachsenden Kosten hat die Telegraphenverwaltung zu tragen

Die Verlegung oder Veränderung vorhandener besonderer Anlagen kann nur gegen Entschädigung und nur dann verlangt werden, wenn die Benutzung des Verkehrswegs für die Telegraphenlinie sonst unterbleiben müßte und die besondere Anlage anderweit ihrem Zwecke entsprechend untergebracht werden kann.

Auch beim Vorhandensein dieser Voraussetzungen hat die Benutzung des Verkehrswegs für die Telegraphenlinie zu unterbleiben, wenn der aus der Verlegung oder Veränderung der besonderen Anlage entstehende Schaden gegenüber den Kosten, welche der Telegraphenverwaltung aus der Benutzung eines anderen ihr zur Verfügung stehenden Verkehrsweges erwachsen, unverhältnismäßig groß ist.

Diese Vorschriften finden auf solche in der Vorbereitung befindliche besondere Anlagen, deren Herstellung im öffentlichen Interesse liegt, entsprechende Anwendung. Eine Entschädigung auf Grund des Abs. 2 wird nur bis zum Betrage der Aufwendungen gewährt, die durch die Vorbereitung entstanden sind.

§ 6. Spätere besondere Anlagen sind nach Möglichkeit so auszuführen, daß sie die vorhandenen Telegraphenlinien nicht störend beeinflussen.

Die Verlegung oder Veränderung einer Telegraphenlinie kann nur dann verlangt werden, wenn die Herstellung einer späteren im öffentlichen Interesse liegenden besonderen Anlage sonst unterbleiben müßte und die Telegraphenlinie anderweit ihrem Zwecke entsprechend untergebracht werden kann. Das gleiche gilt, wenn der dem Unternehmer einer solchen Anlage anderenfalls entstehende Schaden gegenüber den aus der Verlegung oder Veränderung der Telegraphenlinie erwachsenden Kosten unverhältnismäßig groß ist.

Die aus der Verlegung oder Veränderung der Telegraphenlinien oder aus der Herstellung erforderlicher Schutzvorkehrungen erwachsenden Kosten hat der Unternehmer der späteren Anlage zu tragen. Ist die Herstellung der Anlage aus Rücksichten der Gesundheitspflege oder aus sonstigen polizeilichen Gründen erforderlich, so hat die Telegraphenverwaltung die Kosten zu tragen, sofern für die Benutzung der Anlage eine Gebühr überhaupt nicht erhoben wird oder die zur Erhebung kommende Gebühr nur zur Deckung der Verwaltungs- und Unterhaltungskosten der Anlage einschließlich der Ausgaben für die Verzinsung und Tilgung des aufgewendeten Kapitals dient.

Auf spätere Änderungen vorhandener besonderer Anlagen finden die Vorschriften der Abs. 1 bis 3 entsprechende Anwendung.

§ 7. Vor der Benutzung eines Verkehrswegs zur Ausführung neuer Telegraphenlinien oder wesentlicher Änderungen vorhandener Telegraphenlinien hat die Telegraphenverwaltung einen Plan aufzustellen. Der Plan soll die in Aussicht genommene Richtungslinie, den Raum, welcher für die oberirdischen oder unterirdischen Leitungen in Anspruch genommen wird, bei oberirdischen Linien auch die Entfernung der Stangen voneinander und deren Höhe, soweit dies möglich ist, angeben.

Der Plan ist, sofern die Unterhaltungspflicht an dem Verkehrsweg einem Bundesstaat, einem Kommunalverband oder einer anderen Körperschaft des öffentlichen Rechts obliegt, dem Unterhaltungspflichtigen, andernfalls der unteren Verwaltungsbehörde mitzuteilen; diese hat, soweit tunlich, die Unterhaltungspflichtigen von dem Eingange des Planes zu benachrichtigen. Der Plan ist in allen Fällen, in denen die Verlegung oder Veränderung einer der im § 5 bezeichneten Anlagen verlangt wird oder die Störung einer solchen Anlage zu erwarten ist, dem Unternehmer der Anlage mitzuteilen.

Außerdem ist der Plan bei den Post- oder Telegraphenämtern, soweit die Telegraphenlinie deren Bezirk berührt, auf die Dauer von zwei Wochen öffentlich auszulegen. Die Zeit der Auslegung soll in Tagesblättern, die zu Veröffentlichungen der Behörden dienen, bekannt gemacht werden. Die Auslegung kann unterbleiben, soweit es sich lediglich um die Führung von Telegraphenlinien durch den Luftraum über dem Verkehrsweg handelt.

§ 8. Die Telegraphenverwaltung ist zur Ausführung des Planes berechtigt, wenn nicht gegen diesen von den Beteiligten binnen drei Wochen bei der Behörde, welche den Plan unterzeichnet hat, Einspruch erhoben wird.

Die Einspruchsfrist beginnt für diejenigen, denen der Plan gemäß den Vorschriften des § 7 Abs. 2 mitgeteilt ist, mit der Mitteilung, für andere Beteiligte mit der öffentlichen Auslegung.

Der Einspruch kann nur darauf gestützt werden, daß der Plan eine Verletzung der Vorschriften der §§ 1 bis 5 dieses Gesetzes oder der auf Grund des § 18 erlassenen Anordnungen enthält.

Über den Einspruch entscheidet die höhere Verwaltungsbehörde. Gegen die Entscheidung findet, sofern die höhere Verwaltungsbehörde nicht zugleich Landes-Zentralbehörde ist, binnen einer Frist von zwei Wochen Beschwerde an die Landes-Zentralbehörde statt. Die Beschwerde hat keine aufschiebende Wirkung. Die Landes-Zentralbehörde hat in allen Fällen vor der Entscheidung die Zentral-Telegraphenbehörde zu hören.

§ 9. unverändert wie im Gesetz.

§ 10. unverändert wie im Gesetz.

§ 11. Die Straßenbau- und Polizeibeamten haben die Telegraphenverwaltung nach näherer Anweisung der Landes-Zentralbehörde bei der Beaufsichtigung und dem Schutze der Telegraphenlinien tunlichst zu unterstützen.

§ 12. Die Telegraphenverwaltung ist befugt, Telegraphenlinien durch den Luftraum über Grundstücken, die nicht Verkehrswege im Sinne dieses Gesetzes sind, zu führen, soweit nicht dadurch die Benutzung des Grundstücks nach den zur Zeit der Herstellung der Anlage bestehenden Verhältnissen wesentlich beeinträchtigt wird. Tritt später eine solche Beeinträchtigung ein, so hat die Telegraphenverwaltung auf ihre Kosten die Leitungen zu beseitigen.

Beeinträchtigungen in der Benutzung eines Grundstücks, welche ihrer Natur nach lediglich vorübergehend sind, stehen der Führung der Telegraphenlinien durch den Luftraum nicht entgegen, doch ist der entstehende Schaden zu ersetzen. Ebenso ist für Beschädigungen des Grundstücks und seines Zubehörs, die infolge der Zuführung der Telegraphenlinien durch den Luftraum eintreten, Ersatz zu leisten.

Die Beamten und Beauftragten der Telegraphenverwaltung, welche sich als solche ausweisen, sind befugt zur Vornahme notwendiger Arbeiten an den Telegraphenlinien, insbesondere zur Verhütung und Beseitigung von Störungen, die Grundstücke nebst den darauf befindlichen Baulichkeiten und deren Dächern während der Tagesstunden nach vorheriger Ankündigung zu betreten. Der dadurch entstehende Schaden ist zu ersetzen.

§ 13. Die auf den Vorschriften dieses Gesetzes beruhenden Ersatzansprüche verjähren in einem Jahre. Die Verjährung beginnt mit dem Schlusse des Jahres, in dem der Anspruch entstanden ist.

Ersatzansprüche aus den §§ 2, 4, 5 und 6 sind bei der von der Landes-Zentralbehörde bestimmten Verwaltungsbehörde geltend zu machen. Diese setzt die Entschädigung vorläufig fest.

Gegen die Entscheidung der Verwaltungsbehörde steht binnen einer Frist von einem Monate nach der Mitteilung des Bescheids der Rechtsweg offen.

§ 14. unverändert wie im Gesetz.

§ 15. unverändert wie im Gesetz.

§ 16. unverändert wie im Gesetz.

§ 17. unverändert wie im Gesetz.

§ 18. Unter Zustimmung des Bundesrats kann der Reichskanzler Anordnungen treffen:

1. über das Maß der Ausästungen und über die durch die Ausästung entstehenden Kosten;
2. über die Voraussetzungen, unter denen eine besondere Anlage im Sinne des § 5 Abs. 4 als in der Vorbereitung befindlich anzusehen ist;[1]
3. darüber, welche Änderungen der Telegraphenlinien im Sinne des § 7 Abs. 1 als wesentlich anzusehen sind;
4. über die Anforderungen, welche an den Plan auf Grund des § 7 Abs. 1 im einzelnen zu stellen sind;
5. über die unter Zuziehung des Beteiligten vorzunehmenden Ortsbesichtigungen und über die dabei entstehenden Kosten;
6. über das Einspruchsverfahren und die dabei entstehenden Kosten.

§ 19. Dieses Gesetz tritt am 1. Januar 1900 in Kraft.

[1] Von der Kommission wurde beschlossen, die Anordnung über die in Vorbereitung befindlichen Anlagen nicht dem Reichskanzler zu überlassen, sondern das Verhältnis solcher Anlagen im Gesetz selbst zu regeln. (Vgl. § 5, Abs. 4 TWG. und VI. S. 60)

III. Überblick.

Vor dem 1. Januar 1900 hatte die TV — im Gegensatz zu der PV, die ein weitgehendes Postwegerecht bereits besaß (vgl. §§ 16—23 PG) — keine weitgehenden Ansprüche auf die Verfügung über fremden Grund und Boden[1]. Ein gesichertes Benutzungsrecht bezüglich der öffentlichen Flüsse und Kanäle sowie der Privatgrundstücke fehlte der TV vollständig. Durch den Widerspruch eines einzigen Interessenten konnte die Herstellung einer im Verkehrsinteresse dringend notwendigen Telegraphenlinie außerordentlich verzögert oder erschwert, wenn nicht ganz unmöglich gemacht werden. Es war der RTV nur durch Beschluß des Bundesrats vom 25. Juni 1869 ein beschränktes Mitbenutzungsrecht an den Staatskunststraßen eingeräumt, während sie zur Benutzung der anderen öffentlichen Verkehrswege sich mit Konzessionen begnügen mußte. Außerdem waren die Telegraphenanlagen nur in einzelnen Wegegesetzen besonders berücksichtigt, so in Preußen (WegeO. f. d. Provinz Sachsen vom 11. Juli 1891, §§ 10ff., für Schleswig-Holstein vom 15. Juni 1885, § 19 u. a. m.), Baden, Hessen, Anhalt usw. Auch wurde dieses Verfügungsrecht durch § 14 TG vom 6. April 1892 nicht erweitert. In einer ähnlichen rechtlichen Unsicherheit wie die RTV befanden sich auch die bayerische und württembergische TV. Wenn auch die

[1] Unter Grund und Boden sind auch die darauf erbauten Häuser miteinbegriffen, so daß hier „Grund und Boden" gleichbedeutend sind mit dem Begriff „Grundeigentum".

Verhältnisse in diesen Bundesstaaten für die TV insofern günstiger lagen, als dort ein Teil der Kunststraßen im Eigentume des Staates steht, der zugleich der Träger des Telegraphenregals ist, so hatten doch hinsichtlich der Benutzung der übrigen, insbesondere der städtischen Straßen, diese TV mit den gleichen Schwierigkeiten zu kämpfen wie die RTV. Das Recht der TV zur Benutzung fremder Grundstücke, der öffentlichen Wege und Straßen bei der Herstellung von Telegraphen- und Fernsprechanlagen entbehrte also völlig einer reichsgesetzlichen Grundlage. Dieser Zustand war jedoch bald unhaltbar geworden, da die Anforderungen, die an die Fortentwicklung der Telegraphenanlagen im allgemeinen Interesse gestellt wurden, ein gewisses Verfügungsrecht über die öffentlichen Wege und Straßen dringend verlangten. Dies sollte im Wege der Reichs-Gesetzgebung durch ein Telegraphenwege-Gesetz erreicht werden. Am 15. April 1899 wurde der Entwurf dieses Gesetzes durch Beschluß des Reichstags nach der ersten Lesung der XIV. Reichstagskommission überwiesen, die zur Beratung einer Fernsprech-Gebührenordnung usw. zusammengetreten war. Die Kommission änderte in zweimaliger Lesung den ersten Entwurf wesentlich ab. Die zweite und dritte Lesung im Plenum erfolgte am 12. und 13. Dezember 1899. Schon am nächsten Tage stimmte der Bundesrat den vom Reichstag beschlossenen Änderungen zu und am 18. Dezember wurde das Telegraphenwege-Gesetz[1] vom Kaiser vollzogen. Es trat am 1. Januar 1900 in Kraft (§ 19 TWG).

[1] Ursprünglich sollte nach dem Entwurf das Gesetz „Telegraphenwegegesetz" heißen. Es handelte sich aber nicht allein um ein Wegegesetz, sondern auch um ein Gesetz für die durch den Luftraum der Privatgrundstücke und öffentlichen Gewässer führenden Telegraphenwege. Zur Vermeidung von Irrtümern wurde daher von der Kommission der Titel „Telegraphenwege-Gesetz" beschlossen.

Das Gesetz findet auch Anwendung auf alle Telegraphenanlagen, die bereits am 1. Januar 1900 bestanden, sofern nicht besondere Vereinbarungen getroffen sind. § 16 TWG bestimmt die Gültigkeit des Gesetzes für das ganze Deutsche Reich, also auch für den Bereich der bayerischen und württembergischen TV; nur § 11 TWG umfaßt die beiden letzteren nicht. An Stelle dieses § 11 gilt für Bayern die vom Staatsministerium erlassene „Anweisung für die Straßenwärter zur Bewachung der telephonischen Städteverbindungsanlagen vom 28. Mai 1892." Außerdem besteht in Bayern ein gesetzliches Enteignungsrecht zugunsten der staatlichen Telegraphenanlagen (BayG vom 13. August 1910). Das TWG gilt ferner auch für die Linien der von der Heeres- oder Marineverwaltung für ihre Zwecke zu errichtenden Anlagen. Als TV im Sinne dieses Gesetzes gilt dagegen nicht die Eisenbahnverwaltung.

Das TWG beruht zwar auf Erwägungen des öffentlichen Rechts, sein Inhalt ist aber zivilrechtlicher Natur und findet seine Grundlage im BGB (§§ 1090ff. beschränkte persönliche Dienstbarkeiten). Dementsprechend ist es auch ergänzend aus dem BGB auszulegen. Es ist Reichsrecht und derogiert den landesgesetzlichen Bestimmungen. Art. 115 EG BGB kommt daher nicht in Frage.

Das TWG regelt in den §§ 1—11 zunächst den Umfang der Rechte der TV zur Benutzung des öffentlichen Grundeigentums, ihre Pflichten den Wegeunterhaltungspflichtigen gegenüber, das Verhältnis zu den Baumpflanzungen und zu den auf den Verkehrswegen vorhandenen oder herzustellenden besonderen Anlagen, sowie das bei der Benutzung eines öffentlichen Weges durch die TV zu beobachtende Verfahren. § 12 TWG behandelt die Rechte der TV zur Benutzung von Privatgrundstücken, während die §§ 13—19 einzelne gemeinsame und zur Ausführung des Gesetzes notwendige Bestimmungen enthalten.

Das TWG stellt keine neuen Rechtssätze auf, sondern es baut die Grundsätze, die bereits vorhanden und allgemein anerkannt waren, unter eingehender Würdigung der besonderen Bedürfnisse des Telegraphen- und Fernsprechverkehrs weiter aus.

IV. Telegraphenwege-Gesetz mit Erläuterungen.

§ 1. Die Telegraphenverwaltung ist befugt, die Verkehrswege für ihre zu öffentlichen Zwecken dienenden Telegraphenlinien[1] zu benutzen[2], soweit nicht dadurch der Gemeingebrauch[3] der Verkehrswege dauernd[4] beschränkt wird. Als Verkehrswege im Sinne dieses Gesetzes gelten mit Einschluß des Luftraums[5] und des Erdkörpers[6] die öffentlichen Wege[7], Plätze[8], Brücken[9] und die öffentlichen Gewässer[10] nebst deren dem öffentlichen Gebrauche dienenden Ufern.

Unter Telegraphenlinien sind die Fernsprechlinien[11] mitbegriffen.

[1] Der Begriff ist derselbe wie in den §§ 317 und 318 StrGB. Nur die „TV", d. h. die in den §§ 16 und 17 genannten, haben das Recht, die öffentlichen Wege für „ihre" Leitungen zu benutzen. Die in §§ 2 und 3 TG aufgeführten Telegraphenlinien haben dieses Recht nicht, z. B. die Telegraphen der Deich-, Siel- und Entwässerungsverbände, der Feuerwehr usw.; ebenso von Rohr, a. A. Wolcke. Dagegen genießen die Vorteile des TWG auch die Haupt- und Nebenanschlüsse der Ortsfernsprechnetze und Umschaltestellen RG 29_{244}, nicht aber die Rohrpostanlagen (§ 318a StrGB).

[2] Eine privilegierte Benutzung wird nicht beansprucht. Es tritt nur formell eine gesetzliche Beschränkung des Eigentums durch die Benutzung der Wege durch die Einrichtungen der TV ein. In Wirklichkeit greift das Gesetz nur in die öffentlich-rechtlichen Rechte und Pflichten des Unterhaltungspflichtigen, nicht in die privatrechtlichen Verhältnisse des Eigentümers ein. Das TWG verweist ebenso wie die neueren Wege-O die TV stets an den Wegeunterhaltungspflichtigen und läßt den Wegeeigentümer außer Betracht.

[3] Der ohne besondere Genehmigung jedem zustehende Ge-

brauch zum Gehen, Fahren, Reiten; ferner: die „Befugnis jedes einzelnen zum Gebrauche des Weges in sich, beschränkt durch die gleiche Berechtigung aller übrigen Mitglieder des Publikums" (OVG v. 22. Dez. u. 29. Dez. 1883, Entsch. 10, 192, 198).

[4] „nicht nur vorübergehend" (vgl. § 3 Abs. 1), „vorübergehend" (vgl. § 2 Abs. 1).

[5 6] Unter Luftraum über und dem Erdkörper unter öffentlichen Wegen ist nur der in gerader Linie (rechtwinklig zur Erdoberfläche) darüber und darunter befindliche Raum zu verstehen, ohne seitliche Ausdehnung.

[7 8 9] Das Reichsrecht regelt den Begriff „öffentliche Wege" nicht, er richtet sich nach Landesrecht. Allgemein: alle solche Wege, die dem Allgemeingebrauch kraft Privatrechts nicht entzogen werden können, also nicht nur Kunststraßen, auch städtische und ungepflasterte Dorfstraßen, Fußgängerwege, auch wenn sie einem beschränkten Verkehr nur dienen (H. Meyer, DVerwR I § 160, v. Stengel, DVerwR § 94, Germershausen, § 1 S. 3ff.). Öffentliche Plätze und Brücken gelten als Teile oder als Zubehör öffentlicher Wege (vgl. auch RG 65_{304}.) Ob ein Weg usw. dem allgemeinen Gebrauche gewidmet ist, mithin als öffentlicher Weg usw. anzusehen ist, liegt auf tatsächlichem Gebiet und ist nach Lage des konkreten Falles zu entscheiden. (Germershausen § 1 S. 5.) Die Öffentlichkeit eines Weges wird dadurch nicht aufgehoben, daß der Grund und Boden, über den der Weg führt, sich in Privateigentum befindet (OVG V 236, IX 189, 211, 251) oder daß die Benutzung vorübergehend, z. B. durch Umpflügen oder durch Reparaturen erschwert oder zeitweise ganz unterbrochen wird (OVG VIII 213, XII 291).

[10] Der Begriff ist ebenfalls in den einzelnen Reichsgebieten verschieden. Allgemein: öffentliche Flüsse, Kanäle, Häfen, Binnenseen; im einzelnen ist die Frage nach Landesrecht zu entscheiden. Auch Flüsse, die nicht der Schiffahrt dienen, können u. U. dazu rechnen.

[11] Der Abs. 2 ist eigentlich selbstverständlich; er ist lediglich ebenso wie im § 1 Satz 2 TG zur Klarstellung beigefügt.

§ 2. Bei der Benutzung[1] der Verkehrswege ist eine Erschwerung ihrer Unterhaltung und eine vorübergehende Beschränkung ihres Gemeingebrauchs nach Möglichkeit[2] zu vermeiden.

Wird die Unterhaltung erschwert, so hat die Telegraphenverwaltung dem Unterhaltungspflichtigen die aus der Erschwerung erwachsenden Kosten[3] zu ersetzen.

Nach Beendigung der Arbeiten an der Telegraphenlinie hat die Telegraphenverwaltung den Verkehrsweg sobald als möglich wieder instand zu setzen, sofern nicht der Unterhaltungspflichtige erklärt hat, die Instandsetzung selbst vornehmen zu wollen. Die Telegraphenverwaltung hat dem Unterhaltungspflichtigen die Auslagen für die von ihm vorgenommene Instandsetzung zu vergüten und den durch die Arbeiten an der Telegraphenlinie entstandenen Schaden[4] zu ersetzen.

[1] = Herstellung, Unterhaltung, Verlegung, Veränderung, Erweiterung der ober- und unterirdischen Telegraphenanlagen.

[2] Im gleichen Sinne gebraucht wie in § 12 TG (S. 79f.), ebenso auch an den übrigen Stellen im TWG.

[3] Auch alle Mehrkosten, die dem Unterhaltungspflichtigen dadurch entstanden sind, daß die Ausführung der ihm gemäß seiner Unterhaltungspflicht obliegenden Arbeiten, mag es sich um die Erhaltung des bestehenden Zustandes des Weges oder um Verbesserungen dieses Zustandes handeln, durch die von der TV ausgeführten Arbeiten verteuert worden ist.

[4] Über die Schadensersatzansprüche, ihre Verjährung usw. vgl. § 13 (S. 46).

§ 3[1]. Ergibt sich nach Errichtung einer Telegraphenlinie, daß sie den Gemeingebrauch eines Verkehrswegs, und zwar nicht nur vorübergehend, beschränkt oder die Vornahme der zu seiner Unterhaltung[2] erforderlichen Arbeiten verhindert oder der Ausführung einer von dem Unterhaltungspflichtigen beabsichtigten Änderung des Verkehrswegs entgegensteht, so ist die Telegraphenlinie, soweit erforderlich, abzuändern oder gänzlich zu beseitigen.

Soweit ein Verkehrsweg eingezogen wird[3], erlischt die Befugnis der Telegraphenverwaltung zu seiner Benutzung.

In allen diesen Fällen hat die Telegraphenverwaltung die gebotenen Änderungen an der Telegraphenlinie auf ihre Kosten zu bewirken[4].

[1] Betrifft nur den Gemeingebrauch des Weges, nicht auch das Verhältnis der Telegraphenlinien zu den besonderen Anlagen. RG 80_{287}, ebenso auch v. Rohr. (Vgl. auch Ber. S. 59.)

[2] Z. B. wenn ohne die Änderung an der Telegraphenlinie der Bau einer Entwässerungsanlage unmöglich wäre.

[3] Das Verfahren für die Verlegung oder Einziehung eines Verkehrsweges richtet sich nach Landesrecht.

[4] Diese Bestimmungen des § 3 weichen von den im Bundesratsbeschluß vom 25. Juni 1869 enthaltenen Vorschriften ab. Während nach letzteren die Verlegung für Rechnung desjenigen Teils auszuführen ist, der sie beantragt, mithin für Rechnung der Straßenbauverwaltung, wenn letztere wegen Verlegung des Weges oder wegen Beschränkung des allgemeinen Verkehrs eine Änderung der Telegraphenlinie zu beantragen gezwungen ist, sollen nach § 3 die Kosten in diesen Fällen stets von der Telegraphenverwaltung getragen werden.

§ 4[1] [2]. Die Baumpflanzungen auf und an den Verkehrswegen sind nach Möglichkeit zu schonen[2], auf das Wachstum der Bäume ist tunlichst Rücksicht zu nehmen[3]. Ausästungen[4] können nur insoweit verlangt werden, als sie zur Herstellung der Telegraphenlinien oder zur Verhütung von Betriebsstörungen erforderlich sind; sie sind auf das unbedingt notwendige Maß zu beschränken.

Die Telegraphenverwaltung hat dem Besitzer[5] der Baumpflanzungen eine angemessene Frist[6] zu setzen, innerhalb welcher er die Ausästungen selbst vornehmen kann. Sind die Ausästungen innerhalb der Frist nicht oder nicht genügend vorgenommen, so bewirkt die Telegraphenverwaltung die Ausästungen. Dazu ist sie auch berechtigt[7], wenn es sich um die dringliche Verhütung oder Beseitigung einer Störung handelt.

Die Telegraphenverwaltung ersetzt den an den Baumpflanzungen verursachten Schaden[8] und die Kosten der auf ihr Verlangen vorgenommenen Ausästungen[9].

[1 4] Vgl. die Ausführungs-Anweisung des Reichskanzlers vom 26. Januar 1900 (S. 50) unter 1.

[2] Bezieht sich auf vorhandene und neu herzustellende Linien.

[3] Insbesondere ist bei der Ausführung von Bauarbeiten das Augenmerk zu richten auf solche Baumpflanzungen oder auf das Wachstum von Bäumen, die wegen ihres Alters, der Seltenheit ihres Vorkommens, ihrer Eigenart, aus geschichtlichen oder anderen Gründen als Naturdenkmäler anzusehen sind und denen als solchen ein hoher Wert innewohnt; nach Möglichkeit müssen sie in ihrer ursprünglichen Gestalt und Umgebung erhalten werden.

[4] S. Anm. 1.

[5] Dem unmittelbaren oder mittelbaren (§§ 868, 872 BGB).

[6] Wird von der OPD nach freiem Ermessen festgesetzt.

[7] Auch ohne vorherige Benachrichtigung des Besitzers.

[8] nach §§ 251—256 BGB. Nach dem Bundesratsbeschluß vom 25. Juni 1869 lag der TV eine Verpflichtung zum Schadensersatze nicht ob.

[9] Nur Ausästungen, nicht aber auch das Fällen von Bäumen darf die TV vornehmen, falls letzteres nicht vertraglich vereinbart ist (vgl. auch § 923 BGB).

§ 5[1]. Die Telegraphenlinien sind so auszuführen[2], daß sie vorhandene besondere Anlagen (der Wegeunterhaltung dienende Einrichtungen, Kanalisations-, Wasser-, Gasleitungen, Schienenbahnen, elektrische Anlagen[3] und dergleichen) nicht störend beeinflussen. Die aus der Herstellung erforderlicher Schutzvorkehrungen[4] erwachsenden Kosten[5] hat die Telegraphenverwaltung zu tragen.

Die Verlegung oder Veränderung vorhandener besonderer Anlagen kann nur gegen Entschädigung und nur dann verlangt werden, wenn die Benutzung des Verkehrswegs für die Telegraphenlinie sonst unterbleiben müßte und die besondere Anlage anderweit ihrem Zwecke entsprechend untergebracht werden kann.

Auch beim Vorhandensein dieser Voraussetzungen

hat die Benutzung des Verkehrswegs für die Telegraphenlinie zu unterbleiben[6], wenn der aus der Verlegung oder Veränderung der besonderen Anlage entstehende Schaden gegenüber den Kosten, welche der Telegraphenverwaltung aus der Benutzung eines anderen ihr zur Verfügung stehenden Verkehrswegs erwachsen, unverhältnismäßig groß ist.

Diese Vorschriften finden auf solche in der Vorbereitung[7] befindliche besondere Anlagen, deren Herstellung im öffentlichen Interesse liegt, entsprechende Anwendung. Eine Entschädigung auf Grund des Abs. 2 wird nur bis zu dem Betrage der Aufwendungen gewährt, die durch die Vorbereitung entstanden sind. Als in der Vorbereitung begriffen gelten Anlagen, sobald sie auf Grund eines im einzelnen ausgearbeiteten Planes die Genehmigung des Auftraggebers und, soweit erforderlich, die Genehmigungen der zuständigen Behörden und des Eigentümers oder des sonstigen Nutzungsberechtigten des in Anspruch genommenen Weges erhalten haben.

[1] Vgl. Begr. zu § 5 (Anhang S. 54ff.).

[2] Vgl. §§ 7 und 8 TWG.

[3] „Innerhalb der Verkehrswege", für Anlagen „außerhalb der Verkehrswege" gelten die Bestimmungen des § 12 TG, der also durch das TWG insoweit außer Kraft gesetzt ist, als das TWG das Verhältnis der Telegraphenanlagen zu den elektrischen Anlagen innerhalb der Verkehrswege regelt. Auch gilt § 12 TG grundsätzlich unbedingt in den Fällen, in denen eine Anlage innerhalb und eine außerhalb der Verkehrswege sich befindet, z. B. eine Telegraphenleitung auf einem Verkehrswege läuft auf eine Strecke mit einer elektrischen Bahn auf eigenem Bahnkörper parallel. § 5 und ebenso § 6 (vgl. die Anmerkungen zu diesem) sind nur da anzuwenden, wo beide Anlagen auf dem Verkehrswege zusammentreffen; ebenso: v. Rohr, Wolcke, Scholz. Vgl. auch Begr. zu § 5 Abs. 1 (Anhang S. 54). Es handelt sich darin nur um die gemeinsame Unterbringung der genannten Anlagen auf öffentlichen Wegen, siehe auch RG 80_{289}.

[4] Nicht Selbstschutzvorkehrungen (vgl. hierzu Ber. zu § 5, Antrag 3 (Anhang S. 58.)).

[5] Vgl. § 13 TWG.

[6] Einspruch im Planfeststellungsverfahren (vgl. Ausf-Anw. zu 4 und 5 (Anhang S. 52f.)).

[7] Vgl. auch hierzu Begr. zu § 5 (Anhang S. 55ff.).

§ 6[1 2]. Spätere besondere[3] Anlagen sind nach Möglichkeit[4] so auszuführen[5], daß sie die vorhandenen Telegraphenlinien nicht störend beeinflussen[6].

Dem Verlangen der Verlegung[7] oder Veränderung einer Telegraphenlinie muß auf Kosten der Telegraphenverwaltung stattgegeben werden, wenn sonst die Herstellung einer späteren besonderen Anlage unterbleiben müßte oder wesentlich[8] erschwert werden würde, welche aus Gründen des öffentlichen Interesses[9], insbesondere aus volkswirtschaftlichen[10] oder Verkehrsrücksichten von den Wegeunterhaltungspflichtigen[11] oder unter überwiegender[12] Beteiligung[13] eines oder mehrerer[14] derselben zur Ausführung gebracht werden soll[15]. Die Verlegung einer nicht lediglich dem Orts-, Vororts- oder Nachbarortsverkehr dienenden Telegraphenlinie[16] kann nur dann verlangt werden, wenn die Telegraphenlinie ohne Aufwendung unverhältnismäßig hoher Kosten anderweitig ihrem Zwecke entsprechend untergebracht werden kann.

Muß wegen einer solchen späteren besonderen Anlage eine schon vorhandene Telegraphenlinie mit Schutzvorkehrungen[17] versehen werden, so sind die dadurch entstehenden Kosten von der Telegraphenverwaltung zu tragen[18].

Überläßt ein Wegeunterhaltungspflichtiger seinen Anteil[19] einem nicht unterhaltungspflichtigen[20] Dritten, so sind der Telegraphenverwaltung die durch die Verlegung oder Veränderung oder durch die Herstellung der Schutzvorkehrungen erwachsenden Kosten, soweit sie auf dessen Anteil fallen, zu erstatten.

Die Unternehmer anderer[11] als der in Abs. 2 bezeichneten besonderen Anlagen haben die aus der Verlegung oder Veränderung der vorhandenen Telegraphenlinien oder aus der Herstellung der erforderlichen Schutzvorkehrungen an solchen erwachsenden Kosten zu tragen.

Auf spätere Änderungen[12] vorhandener besonderer Anlagen finden die Vorschriften der Abs. 1 bis 5 entsprechende Anwendung.

[1] Vgl. Begr zu § 6 (Anhang S. 54ff.) und Ber zu § 6 (Anhang S. 62ff.). Der 1. und letzte Absatz sind im Entwurf von der Reichstagskommission unbeanstandet geblieben.

[2] Über das Verhältnis des § 6 zum TG vgl. Anm. 3 zu § 5. RG 78_{233}ff., 80_{289}.

[3] Vgl. § 5 Abs. 1. Ein Unternehmen, z. B. eine Starkstromanlage ist auch dann als selbständige besondere Anlage zu betrachten, wenn die Energie nicht aus einer eigenen Kraftzentrale, sondern aus der Stromlieferungsanlage (Kraftzentrale, Kraftübertragungsanlage) eines Dritten gegen Entgelt übernommen wird. Die unentgeltliche Hergabe der Energie ist als „wirtschaftliche Aufwendung" anzusehen, die bei der Frage der Beteiligung in Betracht zu ziehen ist (vgl. Anm. [12] [13]).

[4] Mehr als das „Mögliche" braucht der Unternehmer der besonderen Anlage bei der „Ausführung" nicht zu gewährleisten. Zur Gewährleistung des Möglichen gehört auch die Anhörung der TV über die Anforderungen, die in bezug auf die Sicherung des Reichstelegraphenbetriebs und der Anlagen gegen die Einwirkung der besonderen Anlage gestellt werden müssen. Die schädliche Einwirkung auf eine Telegraphenanlage, besonders wo es sich um unterirdische Leitungen handelt, kann häufig von dem Unternehmer nicht im voraus übersehen werden.

[5] [15] „Auszuführen": Die Herstellung und erste Einrichtung der Anlage, im Gegensatz zum Betrieb und der weiteren Unterhaltung, RG 50_{83}f. 63_{90}.

[6] Als störende Beeinflussungen durch elektrische Anlagen usw. sind anzusehen: die Induktionsstörungen, die elektromagnetischen Einwirkungen von Erdströmen bei Benutzung oder Mitbenutzung der Erde zur Stromrückleitung und örtliche Behinderung vorhandener durch neue Anlagen bei nötig werdenden Unterhaltungs-, Erweiterungs- und Verlegungsarbeiten. Auch die elektrolytische

Einwirkung vagabondierender (abirrender) Ströme z. B. bei Kabeln ist als störende Beeinflussung anzusehen.

[7] Verlegung bedeutet nicht „Verlassen" des Verkehrswegs. Es bestehen noch andere Möglichkeiten der Verlegung: Führung der Leitung auf der anderen Wegeseite (vgl. Begr. S. 57), an höherem Gestänge, größerer Abstand vom Wegerand, Verlegung in Kabel; a. A. Scholz: Verlegung gleichbedeutend mit „Fortverlegung vom Verkehrswege" (vgl. auch Ber. S. 75).

[8] Die wesentliche Erschwerung muß von Fall zu Fall beurteilt werden.

[9] D. h. im Interesse der Allgemeinheit. Jedoch ist nicht zu beanspruchen, daß die Anlage allen „Gliedern" der Allgemeinheit zugute kommt, es kann auch nur ein beschränkter Kreis von Interessenten an der Anlage Nutzen haben. Auch in diesem Falle steht die Vergünstigung des § 6 dem Unternehmer der Anlage zu.

[10] Insbesondere aus gemeinwirtschaftlichen Rücksichten, um das Gewerbe und die Industrie des Ortes zu fördern.

[11] Die Wegeunterhaltungspflicht muß bereits vor der „Ausführung" der Anlage vorhanden sein; es genügt nicht, daß der Unternehmer erst infolge der Ausführung wegeunterhaltungspflichtig wird, RG 65_{307}, ebenso Wolcke: ... Der § 6 TWG setzt, wie sich schon aus dem Wortlaute und dem Zusammenhange ergibt, in Abs. 2 voraus, daß der Unternehmer — oder Mitunternehmer — der späteren Anlage bereits wegeunterhaltungspflichtig ist ... Die Vergünstigung des § 6 ist vom Gesetzgeber solchen Unternehmern gemeinnütziger besonderer Anlagen zugedacht, die neben diesem öffentlichen Interesse auch noch das Recht aus dem Eigentum an dem von der TV benutzten Verkehrswege für sich haben, und deren Interesse (im Streite der beiderseitigen öffentlichen Interessen) als das stärkere daher anzusehen ist, RG 65_{307}, 78_{233}, 63_{91}. Teilweise Wegeunterhaltungspflicht einer Gemeinde oder eines anderen öffentlichen Verbandes genügt dann, wenn die besondere Anlage sich über einen oder mehrere mit dem Ursprungswege der ersten Gemeinde zusammenhängende öffentliche Wege eines dritten Wegeunterhaltungspflichtigen erstreckt und insofern ein einheitliches Unternehmen darstellt, RG 65_{311} f. Der Begriff „einheitliches Unternehmen" ist in erster Linie in bezug auf die Einheitlichkeit der zu benutzenden Wege anzuwenden; es ist darunter nicht die technische Einheitlichkeit einer Anlage in bezug auf Einrichtung, Betrieb usw.

zu verstehen. — Wenn die Wegeunterhaltungspflicht nur auf einem ganz geringen Teil der Anlage der unternehmenden Gemeinde vorhanden ist, z. B. wenn die Anlage nur auf einer Strecke von 1 km auf öffentlichem Wege des Unternehmers, 20 km dagegen auf Wegen anderer Wegeunterhaltungspflichtiger verläuft, so können die Vergünstigungen des § 6 für die Anlage nur dann in Frage kommen, wenn die übrigen Wegeunterhaltungspflichtigen überwiegend an der Anlage beteiligt sind und die Anlage im übrigen ein einheitliches Ganze bildet. Diese Vergünstigung fällt jedoch weg, sobald die besondere Anlage den öffentlichen Weg verläßt und außerhalb dieses Weges eine größere Strecke verläuft, d. h. also die Einheitlichkeit eingebüßt hat, RG 78_{234}. Was als „größere" oder „kurze" Strecke anzusprechen ist, muß von Fall zu Fall beurteilt werden im Verhältnis der Strecke zu der Gesamtlänge der besonderen Anlage. Im allgemeinen dürften Strecken bis zu 1 km nicht als Unterbrechung des Wegezusammenhangs anzusehen sein. In diesem Falle ist also auf die Anlage noch der Begriff „einheitliches Unternehmen" anzuwenden. Verläßt dagegen die besondere Anlage den Verkehrsweg ganz oder auf eine mehrere Kilometer lange Strecke, so besteht die Anlage als einheitliches Unternehmen nur bis zu dem Punkte, wo sie auf eigenen Bahnkörper übertritt. Der Bahnkörper als solcher bildet ebenfalls ein einheitliches Ganze. Vgl. auch die amtliche Bezeichnung solcher Unternehmen: eine Anlage, z. B. eine elektrische Bahn, die nur auf öffentlichem Wege verläuft, spricht man im allgemeinen als „Straßenbahn" an, eine Anlage, die sich aus zwei Einheiten, wie oben, zusammensetzt, heißt: „straßenbahnähnliche Kleinbahn" (Über Wegezusammenhang s. unten). Vgl. auch noch hierzu die Grundgedanken für Gewährung des Heimfallrechts an Kleinbahnen, Eger, I § 6 S. 131 f. Ferner auch Scholz B 13: Meidet die besondere Anlage zum Schutze der vorhandenen Telegraphenlinien den Verkehrsweg und wird sie auf Umwegen errichtet, so sind die hierdurch entstehenden „Mehrkosten" nicht als „Schutzvorkehrungen" von der Telegraphenverwaltung zu erstatten, da dieser Begriff (§§ 5, 6) die Koexistenz beider Anlagen auf dem Verkehrswege zur Voraussetzung hat. Ebensowenig kann der Unternehmer der späteren besonderen Anlage die Erstattung der Kosten für Schutzvorkehrungen an den Telegraphenlinien verlangen aus dem Grunde, weil er dadurch, daß er mit seiner Anlage außerhalb des Verkehrsweges geblieben ist, die größeren Verlegungskosten der Telegraphenlinie im Falle des Verlaufs der Anlage auf dem Verkehrswege der Telegraphenverwaltung erspart habe. Dieser Grundsatz ist auch anzuwenden auf die sog. „Näherungsstellen“ zwischen Telegraphenlinie und besonderer Anlage, wenn die besondere Anlage außerhalb des Verkehrswegs verläuft. Der § 12 TG gilt eben auch da, wo eine Anlage innerhalb und eine außerhalb des Verkehrsweges sich befindet; ebenso v. Rohr, Scholz. Wegezusammenhang: ist eng verknüpft mit dem Begriff einheitliches Unternehmen. „Über mehrere zusammenhängende Wege“ heißt nicht etwa „über irgendwelche Wege, die mit dem Ursprungsweg der Anlage in irgendeinem Zusammenhang stehen“, vielmehr soll damit gesagt werden, daß die Anlage auf mehreren Wegen zusammenhängend verlaufen muß, also nicht durch eigenen Bahnkörper unterbrochen werden darf, abgesehen von dem oben erwähnten Fall der „kurzen Strecke“. Die Wegekörper, auf denen die Anlage ruht, dürfen nicht durch Dazwischentreten eines anderen Körpers ihren Zusammenhang verloren haben. Unter den Begriffen „einheitliches Unternehmen“ oder „zusammenhängende Wege“ hat man daher nicht lediglich den „inneren“ (technischen) Zusammenhang einer Anlage oder mehrerer Wege zu verstehen. Auch die Frage der „Wegekreuzungen“ mit eigenem Bahnkörper der besonderen Anlage ist noch nicht geklärt. Hier hat wohl der Grundsatz zu gelten, daß zunächst die Anlage auf eigenem Bahnkörper ebenfalls ein einheitliches Ganze bildet. Gemäß der Darlegung (s. o.) über die „kurze Strecke“ eigenen Bahnkörpers, durch die der Wegezusammenhang als nicht unterbrochen gelten soll, muß hier analog gesagt werden, daß der Zusammenhang des eigenen Bahnkörpers nicht unterbrochen wird durch die „kurze Strecke“ einer Wegekreuzung, auch nicht in Fällen, wo eine öftere Kreuzung von Wegen in Frage kommt. Da nach RG 78_{234} angenommen werden muß, daß § 6 auch auf die „kurze Strecke“ eigenen Bahnkörpers Anwendung finden soll, so muß in diesem Fall das Telegraphengesetz auch für die kurze Strecke der Wegekreuzung gelten. Dieser Grundsatz entspricht der Billigkeit. Danach muß die Auffassung, daß, wenn eine besondere Anlage einmal den Verkehrsweg verlassen hat und eigenen Bahnkörper benutzt, für jede Wegekreuzung, an der Telegraphenlinien von der besonderen Anlage gekreuzt werden, von neuem die Frage der Wegeunterhaltungspflicht zu prüfen sei, als unlogisch und somit als unhaltbar bezeichnet werden.

12 13 Der Begriff der „überwiegenden Beteiligung“ ist eben-

falls bestritten. Vgl. RG 78$_{222}$, Wolcke: Überwiegende Beteiligung der Wegeunterhaltungspflichtigen liegt dann vor, wenn ihnen das „Miteigentum" (§§ 1008—1011 BGB) an der besonderen Anlage mehr als zur Hälfte zusteht. v. Rohr: „Überwiegende Beteiligung" ist nicht bloß „wesentliche" Beteiligung. Auf seiten der Wegeunterhaltungspflichtigen muß das Schwergewicht der Finanzierung des Unternehmens liegen. Dagegen braucht die überwiegende Beteiligung nicht gerade darin zu liegen, daß z. B. bei einer AG der oder die Unterhaltungspflichtigen mehr als die Hälfte der Aktien übernimmt, sondern die Teilnahme an der Finanzierung kann auch durch Garantieen der Unterhaltungspflichtigen für die Rentabilität oder durch andere dem Unternehmen gewährte Vorteile geschehen, z. B. durch Hergabe eines Darlehens. Jedoch bestritten, da ein Darlehn nur Gläubigerrechte, nicht aber Mitgliedschaftsrechte schafft; vgl. jedoch RG 78$_{222}$, u. U. ist der Erwerb von Schuldverschreibungen auch Beteiligung. Überwiegende Beteiligung an der Änderung vorhandener besonderer Anlagen, RG 80$_{290}$. Nach RG 78$_{221}$ genügt es zur Erfüllung der in § 6 aufgestellten Voraussetzung der Beteiligung, wenn der Unterhaltungspflichtige überhaupt wirtschaftliche Aufwendungen irgendwelcher Art für das Unternehmen macht, z. B. es finanziell unterstützt oder durch Gewährung von Naturalleistungen fördert; ferner RG 78$_{225}$: Es genügt jede Betätigung des Interesses an der Ausführung der Anlage durch Aufwendungen. RG 78$_{221}$: Ein Gesellschaftsverhältnis (§§ 705—740 BGB) ist nicht erforderlich. RG 78$_{222}$: planmäßige Finanzierung eines Unternehmens durch mehrere Gemeinden. Auch die „unentgeltliche Überlassung" eines Grundstücks oder die „kostenfreie Hergabe" von Straßen zum Betriebe einer elektrischen Bahn sind wirtschaftliche Aufwendungen für das Unternehmen, die bei der Abschätzung des Umfangs der Beteiligung des Wegeunterhaltungspflichtigen mit in Betracht zu ziehen sind. RG 78$_{225}$, 78$_{227}$ (vgl. auch Anm. 14). Auch die alleinige Hergabe einer Wegekreuzung ist als Beteiligung anzusehen. Wenn jede Hergabe eines Wegestückes in der Längsrichtung eine Beteiligung darstellt, so muß dies auch ebenso für die Hergabe eines Wegestückes in der Querrichtung gelten. Vgl. auch Eger I § 6 S. 138. Auch die unentgeltliche Hergabe elektrischer Energie aus der Kraftzentrale eines Dritten kann Beteiligung sein. (Vgl. Anm. 3.) Die Übernahme von Aktien ist ebenfalls Beteiligung im Sinne des TWG. Denn die Gesellschafter einer AG sind mit Einlagen auf das in Aktien zerlegte Grundkapital der AG beteiligt (§ 178 HGB), RG 78_{218}. Im übrigen ist auf Grund freier Würdigung zu bestimmen, ob den gesamten Leistungen und Aufwendungen des Wegeunterhaltungspflichtigen gegenüber den Leistungen des Unternehmers eine überwiegende Bedeutung zukommt, RG 78_{222}, 63_{89}, 80_{292}.

[13] Siehe Anm. 12.

[14] Eines oder mehrerer derselben: RG 78_{226}; 65_{311}; der eine oder mehrere der Wegeunterhaltungspflichtigen müssen die besondere Anlage selbst ausführen oder ihr Interesse an der Anlage in gewissem Maße betätigen. Nicht erforderlich ist für die Gewährung der Vergünstigungen des § 6, daß die, welche die Anlage ausgeführt haben, sie auch selbst betreiben oder am Betriebe durch Tragung eines Teils der Betriebskosten oder eines Teils des Risikos sich beteiligen, z. B. die gesamten Landgemeinden sind an einem Unternehmen des Kreises beteiligt, und zwar überwiegend. Strittig ist die Frage, wenn nicht die sämtlichen Gemeinden teilnehmen, sondern nur einzelne. Von einer überwiegenden Beteiligung dürfte dann nicht die Rede sein, vgl. aber Anm. 12, 13 letzter Satz, auch RG 63_{92}.

[15] Vgl. Anm. 5.

[16] An dem ungestörten Bestand einer dem Weltverkehr oder dem großen Inlandsverkehr dienenden Linie sind weitere Kreise beteiligt als an der besonderen Anlage. Sind an einem Gestänge oder in einem Kabel gleichzeitig solche Linien und Linien des Orts-, Vororts- und Nachbarortsverkehrs untergebracht, so genießen letztere ebenfalls den Schutz der ersteren.

[17] Schutzvorkehrungen, weil sonst der Betrieb der Linie u. U. unmöglich oder gefährdet ist, RG 78_{217}, 78_{223}, 78_{228}.

[18] Die TV trägt die Kosten, auch wenn diese Schutzvorkehrungen nicht an den Telegraphenanlagen selbst, sondern an der besonderen Anlage angebracht werden, z. B. Anbringung geerdeter Schutznetze und Auffangdrähte über oder unter der besonderen Anlage. Ferner: die Stromzuführungsdrähte einer Straßenbahn erhalten zum Schutze der Telegraphenlinie Gummi- oder Holzschutzleisten: RG 78_{217}, Schutz gegen elektrische Überland-Hochspannungsleitung: RG 78_{223}, gegen elektrische Vorortbahnen: RG 78_{228}, gegen elektrische Zentralanlage zur Beleuchtung von Straßen usw. und gegen Kraftwerk für gewerbliche Zwecke: RG 63_{88}.

[19] Im Abschluß eines Pachtvertrages kann nicht die Über-

lassung des Anteils an der Anlage erblickt werden, RG 63_{92}; ferner Eger und Gordan: Der wegeunterhaltungspflichtige Kreis baut eine Straßenbahn, die aus Verkehrsrücksichten der Telegraphenanlage vorgeht, die Telegraphenverwaltung trägt die Kosten der Verlegung oder für die erforderlichen Schutzvorkehrungen. Darauf veräußert der Kreis die Bahn an eine private Erwerbsgesellschaft, dann muß diese die Kosten der TV erstatten.

[20] Der nicht unterhaltungspflichtige Dritte kann auch eine andere Gemeinde sein, Beteiligung ist aber auch in diesem Falle nicht ganz ausgeschlossen (vgl. Anm 11, 12, 13).

[21] Gilt auch für den Fall, wenn eine besondere Anlage nur eben einen bestimmten öffentlichen Weg oder Platz, eine Brücke beansprucht (vgl. § 1 TWG) und von einem Unternehmer (sei das auch von einer Gemeinde) hergestellt wird, der weder selbst der Unterhaltungspflichtige bezüglich des betreffenden Verkehrswegs usw. ist noch auch den Wegeunterhaltungspflichtigen als einen an dem Unternehmen (überwiegend) Beteiligten zur Seite hat, RG 65_{311}.

[22] Z. B. Gleisverschiebungen einer elektrischen Straßenbahn, die Veränderungen oder Verlegungen von Telegraphenlinien notwendig machen. Spätere Änderungen vorhandener besonderer Anlagen sind ebenso zu behandeln wie spätere Neuanlagen, RG 80_{288} ff..

§ 7. Vor der Benutzung eines Verkehrswegs zur Ausführung neuer Telegraphenlinien oder wesentlicher[1] Änderungen vorhandener Telegraphenlinien hat die Telegraphenverwaltung einen Plan aufzustellen[2]. Der Plan[2] soll[2] die in Aussicht genommene Richtungslinie, den Raum, welcher für die oberirdischen und unterirdischen Leitungen in Anspruch genommen wird, bei oberirdischen Linien auch die Entfernung der Stangen voneinander und deren Höhe, soweit dies möglich ist, angeben.

Der Plan ist sofern die Unterhaltungspflicht[3] an dem Verkehrsweg einem Bundesstaat, einem Kommunalverband[4] oder einer anderen Körperschaft[5] des öffentlichen Rechtes obliegt, dem Unterhaltungspflichtigen, andernfalls der unteren Verwaltungsbehörde[4] mitzuteilen; diese hat, soweit tunlich, die Unterhaltungspflichtigen von dem Eingange des Planes zu benachrichtigen. Der Plan ist in allen Fällen, in denen die Verlegung oder Veränderung einer der im § 5 bezeichneten Anlagen verlangt wird oder die Störung einer solchen Anlage zu erwarten ist, dem Unternehmer der Anlage mitzuteilen.

Außerdem ist der Plan bei den Post- oder Telegraphenämtern, soweit die Telegraphenlinie deren Bezirke berührt, auf die Dauer von vier Wochen öffentlich auszulegen. Die Zeit der Auslegung soll mindestens in einer der Zeitungen[7], welche im betreffenden Bezirke zu den Veröffentlichungen der unteren Verwaltungsbehörden dienen, bekannt gemacht werden. Die Auslegung kann unterbleiben, soweit es sich lediglich um die Führung von Telegraphenlinien durch den Luftraum[8] über den Verkehrswegen handelt.

[1] Vgl. hierzu Abschn. V, Ausf-Anw. unter 2.

[2] Vgl. hierzu Abschn. V, Ausf-Anw. unter 3. Die hier aufgeführten Anforderungen sind die Mindestanforderungen, denen der Plan immer genügen muß. Es darf nicht verkannt werden, daß das Planfeststellungsverfahren, das früher weder in dem Bundesratsbeschlusse vom 25. 6. 1869 noch sonst vorgeschrieben war, eine nicht unwesentliche Erschwerung in der Herstellung neuer Telegraphenlinien hervorruft.

[3] Nicht das Eigentum; das Gesetz verweist die TV stets an den Unterhaltungspflichtigen, nicht an den Eigentümer (vgl. auch Überblick S. 25 und § 1 Anm. 2).

[4] Provinz, Kreis, Gemeinde, Gutsbezirk.

[5] Auch den Stiftungen entsprechende Anstalten des öffentlichen Rechts, z. B. auch Reichsbank, Universitäten.

[6] Eine Zusammenstellung der zur Ausführung des TWG in den einzelnen Bundesstaaten des RTG zuständigen Verw-Beh. siehe v. Rohr, TWG, auch Allgem. Dienst-Anw. f. Post u. Telegr. Abschn. II Abt. 2, Anl. 2.

[7] Die übrigen im Bereiche der den Plan auslegenden VA er-

scheinenden Zeitungen erhalten nach einer verwaltungsrechtlichen Bestimmung die Bekanntmachung mit dem Anheimstellen der unentgeltlichen Veröffentlichung.

[3] Nur die Interessen des Wegeunterhaltungspflichtigen und des Unternehmers der besonderen Anlage, die den Plan unmittelbar erhalten, werden dadurch berührt.

§ 8. Die Telegraphenverwaltung ist zur Ausführung des Planes befugt, wenn nicht gegen diesen von den Beteiligten binnen vier Wochen[1] bei der Behörde, welche den Plan ausgelegt hat, Einspruch[2] erhoben wird.

Die Einspruchsfrist beginnt für diejenigen, denen der Plan gemäß den Vorschriften des § 7 Abs. 2 mitgeteilt ist, mit der Zustellung, für andere Beteiligte mit der öffentlichen Auslegung.

Der Einspruch kann nur darauf gestützt werden, daß der Plan eine Verletzung der Vorschriften der §§ 1 bis 5 dieses Gesetzes oder der auf Grund des § 18 erlassenen Anordnungen enthält[2] [3].

Über den Einspruch entscheidet die höhere Verwaltungsbehörde. Gegen die Entscheidung findet, sofern die höhere Verwaltungsbehörde nicht zugleich Landes-Zentralbehörde ist, binnen einer Frist von 2 Wochen nach der Zustellung die Beschwerde an die Landes-Zentralbehörde statt. Die Landes-Zentralbehörde hat in allen Fällen vor der Entscheidung die Zentral-Telegraphenbehörde[4] zu hören. Auf Antrag der Telegraphenverwaltung kann die Entscheidung der höheren Verwaltungsbehörde für vorläufig vollstreckbar[5] erklärt werden. Wird eine für vorläufig vollstreckbar erklärte Entscheidung aufgehoben oder abgeändert, so ist die Telegraphenverwaltung zum Ersatze des Schadens verpflichtet[6], der dem Gegner durch die Ausführung der Telegraphenlinie entstanden ist.

[1] Wer es versäumt, rechtzeitig gegen den Plan Einspruch zu erheben, muß sich den Bau der Telegraphenlinie nach Maßgabe

des Plans gefallen lassen. Die aus der Ausführung der Linie gemäß den Vorschriften des TWG entstehenden Schadensersatzansprüche werden aber durch die Nichtbeteiligung am Einspruchsverfahren nicht berührt (Verjährung in 2 Jahren, vgl. § 13).

[2] Für das Einspruchsverfahren gelten die Bestimmungen der Ausführungsanweisung des Reichskanzlers unter 5 A—L (vgl. Ausf-Anw. S. 52f.).

[3] Das Einspruchsrecht ist jedem unbeschränkt gewährt, der glaubt, durch ein Unternehmen geschädigt zu sein und dagegen einen auf §§ 1—5 des Gesetzes gestützten Antrag auf Unterlassung oder Änderung der Anlage begründen zu können.

[4] Im Reichs-Telegraphengebiet: Reichs-Postamt. In Bayern: Ministerium für Verkehrsangelegenheiten. In Württemberg: Ministerium der auswärtigen Angelegenheiten, Abteilung für die Verkehrsanstalten.

[5] Damit die Ausführung der Telegraphenlinien durch das Einspruchsverfahren nicht zu lange hinausgeschoben wird, da dies u. U. eine Beeinträchtigung der Verkehrsinteressen zur Folge haben kann.

[6] Außerdem zum Ersatze der Kosten des Einspruchsverfahrens (gemäß § 717 ZPO).

§ 9. Auf Verlangen einer Landes-Zentralbehörde ist den von ihr bezeichneten öffentlichen Behörden[1] Kenntnis von dem Plane durch Mitteilung einer Abschrift zu geben.

[1] Gewöhnlich die Wege- oder Strompolizeibehörden. Die Hinzuziehung dieser Behörden ist im Planfeststellungsverfahren des TWG nicht vorgesehen. Sie werden in der Wahrnehmung der von ihnen hinsichtlich der Verkehrswege obliegenden Pflichten durch die Benutzung eines Verkehrsweges für die Zwecke der TV nach der Absicht des TWG auch nicht beschränkt. Um aber den von ihnen zu vertretenden polizeilichen Interessen genügend Geltung verschaffen zu können, wird es gewöhnlich wünschenswert erscheinen, ihnen von dem Plane vor Ausführung der Telegraphenanlagen Mitteilung zu geben.

§ 10. Wird ohne wesentliche[1] Änderung vorhandener Telegraphenlinien die Überschreitung des in dem ursprünglichen Plane für die Leitungen in Anspruch genommenen Raumes beabsichtigt und ist davon eine weitere Beeinträchtigung der Baumpflanzungen durch Ausästungen[2] zu befürchten[3], so ist den Eigentümern der Baumpflanzungen vor der Ausführung Gelegenheit[4] zur Wahrnehmung ihrer Interessen zu geben.

[1] Vgl. hierzu V, Ausf-Anw. unter 2.

[2] Vgl. § 4 und auch Ausf-Anw. unter 1.

[3] Über die Bedenken, die vom Besitzer geltend gemacht werden, steht hier die Entscheidung der TV zu.

[4] Vgl. § 4 Abs. 2 und Anm. 6.

§ 11. Die Reichs-Telegraphenverwaltung kann die Straßenbau- und Polizeibeamten mit der Beaufsichtigung und vorläufigen Wiederherstellung der Telegraphenleitungen nach näherer Anweisung der Landes-Zentralbehörde beauftragen[1]; sie hat dafür den Beamten im Einvernehmen mit der ihnen vorgesetzten Behörde eine besondere Vergütung zu zahlen[2].

[1] [2] Vgl. V, Ausf-Anw. unter 6. Die Bestimmung des § 11 bleibt auf die RTV beschränkt einerseits mit Rücksicht auf die besonderen Verhältnisse in Bayern und andererseits weil in Württemberg sowohl TV als auch Straßenbauverwaltung Staatsbehörden sind.

§ 12. Die Telegraphenverwaltung ist befugt, Telegraphenlinien durch den Luftraum über Grundstücken, die nicht Verkehrswege im Sinne dieses Gesetzes sind, zu führen[1], soweit nicht dadurch die Benutzung[2] des Grundstückes nach den zur Zeit der Herstellung der Anlage bestehenden Verhältnissen wesentlich beeinträchtigt wird. Tritt später eine solche Beeinträchtigung ein, so hat die Telegraphenverwaltung auf ihre Kosten die Leitungen zu beseitigen.[3]

Beeinträchtigungen in der Benutzung eines Grundstücks, welche ihrer Natur nach lediglich vorübergehend sind, stehen der Führung der Telegraphenlinien durch den Luftraum nicht entgegen, doch ist der entstehende Schaden zu ersetzen. Ebenso ist für Beschädigungen des Grundstücks und seines Zubehörs, die infolge der Führung der Telegraphenlinien durch den Luftraum eintreten, Ersatz zu leisten[4].

Die Beamten und Beauftragten der Telegraphenverwaltung, welche sich als solche ausweisen, sind befugt, zur Vornahme notwendiger Arbeiten an Telegraphenlinien, insbesondere zur Verhütung und Beseitigung von Störungen, die Grundstücke nebst den darauf befindlichen Baulichkeiten und deren Dächern mit Ausnahme der abgeschlossenen Wohnräume[5] während der Tagesstunden nach vorheriger schriftlicher Ankündigung zu betreten[6]. Der dadurch entstehende Schaden ist zu ersetzen[7].

[1 2 3] Die TV hat das Recht schon auf Grund des § 1. Es ist davon abgesehen, den Grundstückseigentümern (Hausbesitzern) auch gesetzlich die Verpflichtung aufzuerlegen, im Interesse der TV zu dulden, daß auf den Dächern ihrer Gebäude die Stützpunkte für die Leitungen angebracht werden (vgl. hierüber die Ausführungs-Bestimmungen zur FGO vom 26. März 1900, I 2). Hierfür besteht kein Zwangsrecht, sondern die TV kann nur ein vertragliches Recht erwerben, das in der Hausbesitzererklärung niedergelegt wird. Wenn im Falle eines bestehenden Vertragsrechtes von dem Hausbesitzer später eine Starkstromanlage errichtet wird und diese mit den Telegraphenleitungen auf seinem Grundstücke zusammentrifft, so hat der Unternehmer der späteren besonderen Anlage die Kosten für die Verlegung der Telegraphenleitungen zu tragen. Denn die TV hat auf Grund der Hausbesitzererklärung ein vertragliches Recht zur Benutzung des Grundstücks, das außerhalb des § 12 TWG besteht; das Recht des Eigentümers an seinem Grundstücke hat somit eine Einschränkung zugunsten der TV erfahren. Durch die Herstellung der Starkstromanlage auf seinem Grundstücke hat der Eigentümer dieses vertraglich eingeräumte Recht der TV beeinträchtigt und dadurch die Verlegung der Telegraphenleitungen notwendig gemacht. Ferner

ist er auch nach § 12 TG als Unternehmer der späteren besonderen Anlage ersatzpflichtig. Ist nicht der Eigentümer, sondern ein Dritter Unternehmer der besonderen Anlage, so ist der Ersatzanspruch an diesen zu richten, ebenfalls gemäß § 12 TG.

§ 12 TWG beschränkt das Recht des Grundeigentümers aus § 905 BGB zugunsten der TV. Erhöhung des Gebäudes bedingt die Verlegung der darüber hinwegführenden Leitungen auf Kosten der TV, nicht aber das Ausstecken einer Fahne, das durch die Telegraphenleitung behindert wird.

[4] [7] Die Ersatzleistung umfaßt auch den Ersatz des entgangenen Gewinns (§ 252 BGB). Bei Nichteinigung zwischen TV und Eigentümer des Grundstücks steht letzterem zur Verfolgung seiner Ansprüche der Rechtsweg offen (§ 13).

[5] Jedoch mit besonderer Erlaubnis gestattet.

[6] Ohne solche ist also der Eigentümer, Nutznießer, Mieter usw. berechtigt, den Zutritt zu verbieten. Das Eindringen gegen Verbot ist nach § 123 StrGB strafbar.

[7] Siehe Anm. 4.

§ 13. Die auf den Vorschriften dieses Gesetzes beruhenden Ersatzansprüche verjähren in zwei Jahren. Die Verjährung beginnt mit dem Schlusse des Jahres, in welchem der Anspruch entstanden ist[1].

Ersatzansprüche aus den §§ 2, 4, 5 und 6 sind bei der von der Landes-Zentralbehörde bestimmten Verwaltungsbehörde[2] geltend zu machen. Diese setzt die Entschädigung vorläufig fest.

Gegen die Entscheidung der Verwaltungsbehörde steht binnen einer Frist von einem Monat nach der Zustellung des Bescheids die gerichtliche Klage zu.

Für alle anderen Ansprüche steht der Rechtsweg sofort offen.

[1] Vgl. § 198 und § 201 BGB.

[2] Vgl. § 220 BGB. Die Vorschriften der §§ 209 bis 213, 215, 216, 218, 219 BGB finden Anwendung. Eine Zusammenstellung der Verwaltungsbehörden, bei denen die Ersatzansprüche geltend zu machen sind, befindet sich bei v. Rohr, TWG, auch Allgem. Dienst-Anw. f. Post u. Telegr. Abschn. II Abt. 2 Anl. 2.

§ 14. Die Bestimmung[1] darüber, welche Behörden in jedem Bundesstaat untere und höhere Verwaltungsbehörden im Sinne dieses Gesetzes sind, steht der Landes-Zentralbehörde zu.

[1] Vgl. Anm 6 zu § 7 und Anm 2 zu § 13.

§ 15. Die bestehenden Vorschriften[1] und Vereinbarungen über die Rechte der Telegraphenverwaltung zur Benutzung des Eisenbahngeländes[2] [3] werden durch dieses Gesetz nicht berührt.

[1] Beschluß des Bundesrats vom 21. Dezember 1868 über die Verpflichtungen der Eisenbahnverwaltungen im Interesse der Bundes-Telegraphenverwaltung. Gilt nicht in Bayern; ist auch auf Kleinbahnen nicht anzuwenden, da sie nicht unter die Bestimmungen der RV fallen.

[2] Das Eisenbahngelände fällt nicht unter den Begriff „öffentlicher Verkehrsweg" (vgl. Anm. 7, 8, 9 § 1), denn es dient lediglich dem Transportgewerbe der Eisenbahn, nicht aber dem „Allgemeingebrauch" (siehe diesen Begriff Anm. 3 § 1).

[3] Eisenbahngelände = eigener Bahnkörper (vgl. Anm. 11 § 6). Bahnen, die nicht auf eigenem Bahnkörper verlaufen, sondern öffentliche Wege benutzen, sind „besondere Anlagen" im Sinne der §§ 5 und 6 TWG (vgl. diese Paragraphen nebst Anm).

§ 16. Telegraphenverwaltung[1] im Sinne dieses Gesetzes ist die Reichs-Telegraphenverwaltung, die Königlich bayerische[2] und die Königlich württembergische Telegraphenverwaltung[2].

[1] Nicht auch die Eisenbahnverwaltungen (vgl. Überblick S. 25.) Diese sind also für die Anlagen ihrer Linien auf das Eisenbahngelände angewiesen, es sei denn, daß sie durch Übereinkommen mit den Berechtigten in der Lage sind, öffentliche Wege oder Privateigentum zu benutzen, falls ihnen nicht landesgesetzlich das Enteignungsrecht zusteht.

[2] Ihre Selbständigkeit beruht auf Bundesverträgen.

§ 17. Die Vorschriften dieses Gesetzes finden auf Telegraphenlinien, welche die Militärverwaltung[1] oder die Marineverwaltung für ihre Zwecke herstellen läßt, entsprechende Anwendung.

[1] Des gesamten Bundesgebiets, also auch die bayerische, württembergische und sächsische.

§ 18. Unter Zustimmung des Bundesrats kann der Reichskanzler Anordnungen[1] treffen:

1. über das Maß der Ausästungen;
2. darüber, welche Änderungen der Telegraphenlinien im Sinne des § 7 Abs. 1 als wesentlich anzusehen sind;
3. über die Anforderungen, welche an den Plan auf Grund des § 7 Abs. 1 im einzelnen zu stellen sind;
4. über die unter Zuziehung der Beteiligten vorzunehmenden Ortsbesichtigungen und über die dabei entstehenden Kosten;
5. über das Einspruchsverfahren und die dabei entstehenden Kosten;
6. über die Höhe der den Straßenbau- und Polizeibeamten zu gewährenden Vergütungen für die im Interesse der Reichs-Telegraphenverwaltung geforderten Dienstleistungen.

[1] Vgl. die Ausf-Anw. unter V.

§ 19. Dieses Gesetz tritt am 1. Januar 1900 in Kraft[1].

Auf die vorhandenen, zu öffentlichen Zwecken dienenden Linien der Telegraphenverwaltung (§§ 16 und 17) findet dieses Gesetz Anwendung, soweit nicht entgegenstehende besondere Vereinbarungen[2] getroffen sind.

[1] Vgl. Überblick (S 24). Die Ansprüche, die vor dem 1. Januar 1900 für oder gegen die TV auf Grund besonderer Vereinbarungen oder auf Grund § 12 TG erwachsen waren, sind nach früherem Rechte zu beurteilen.

[2] Besondere Vereinbarungen sind solche, die etwas von der

bisherigen Rechtsregel Abweichendes bestimmen, z. B. über besondere Gegenleistungen für Benutzung des Weges, fortlaufende Vergütungen, Ermäßigung von Fernsprechgebühren, ferner auch der Vorbehalt des bedingten oder unbedingten Widerrufs oder eine über die Bestimmungen des bürgerlichen Rechts hinausgehende Verpflichtung zum Ersatze für Beschädigungen von Gas-, Wasser- und Kanalanlagen. Auf öffentliche Wege, über die derartige besondere Vereinbarungen getroffen sind, wird das TWG überhaupt nicht angewandt, und zwar in allen seinen Bestimmungen, weil diese eine Einheit bilden. So ist es z. B. nicht zulässig, den Vorbehalt des Widerrufs bestehen zu lassen, während daneben die Vorschriften des § 6 gelten sollen.

V. Ausführungsbestimmungen des Reichskanzlers zum Telegraphenwege-Gesetz.

Vom 26. Januar 1900.

(DRA Nr. 30, 1. Febr. 1900; RGBl S. 7).

Auf Grund des § 18 des Telegraphenwege-Gesetzes vom 18. Dezember 1899 (Reichs-Gesetzblatt S. 705) wird nach Zustimmung des Bundesrats folgendes angeordnet:

1. Die Ausästungen sind in dem Maße zu bewirken, daß die Baumpflanzungen mindestens 60 cm nach allen Richtungen von den Leitungen entfernt sind. Ausästungen über die Entfernung von 1 m im Umkreise der Leitungen können nicht verlangt werden. Innerhalb dieser Grenzen sind die Ausästungen so weit vorzunehmen, als zur Sicherung des Telegraphenbetriebs erforderlich ist.

2. Wesentliche Änderungen der Telegraphenlinien im Sinne des § 7 Abs. 1 sind:

A. Bei oberirdischen Linien, für deren Stützpunkte die Verkehrswege benutzt werden,

die Umwandlung einer Linie mit einfachen Gestängen in eine solche mit Doppelgestängen,

die erstmalige Ausrüstung des Gestänges mit Querträgern, wenn diese weiter als 60 cm von der Stange seitlich ausladen,

die Änderung der Richtungslinie, insbesondere die Umlegung der Linie von der einen auf die andere Seite des Verkehrsweges;

B. bei oberirdischen Linien, welche die Verkehrswege nur im Luftraum überschreiten,

die Änderung der Richtungslinie.

Beschränken sich die unter A und B bezeichneten Änderungen auf einzelne Stützpunkte, so sind sie als wesentliche nicht anzusehen.

C. Bei unterirdischen Linien,

die Vermehrung, Vergrößerung oder Umlegung der zur Aufnahme der Kabel dienenden Kanäle, die Vermehrung oder Umlegung der unmittelbar in den Erdboden eingebetteten Kabel.

Umlegungen auf kurzen Strecken, welche mit Zustimmung des Wegeunterhaltungspflichtigen sowie der Unternehmer der von der Umlegung betroffenen besonderen Anlagen geschehen, sind als wesentliche Änderungen nicht anzusehen.

3. Der nach § 7 Abs. 1 aufzustellende Plan soll im einzelnen folgenden Anforderungen entsprechen:

Er soll eine Wegezeichnung im Maßstabe von mindestens 1 : 50000 enthalten, in welche die Richtung der Telegraphenlinie eingetragen ist und aus der sich erkennen läßt, welcher Teil des Verkehrswegs benutzt werden soll. Ferner sind in dem Plane anzugeben:

A. bei oberirdischen Linien, für deren Stützpunkte die Verkehrswege benutzt werden, der mittlere Stangenabstand,
die für die Linie oder für deren einzelne Teile in Aussicht genommenen Stangenlängen,
das Stangenbild,
bei Kreuzungen der Wege die Mindesthöhe des untersten Drahtes über der Oberfläche des Verkehrswegs, im übrigen die Mindesthöhe des untersten Drahtes über dem Fußpunkte der Stange;

B. bei oberirdischen Linien, welche die Verkehrswege nur im Luftraum überschreiten,
die Bezeichnung der beiden seitlichen Stützpunkte,
deren Stangenbild,
die Mindesthöhe des untersten Drahtes über der Oberfläche des Verkehrswegs;

C. bei unterirdischen Linien,
die Tiefe des Kabellagers unter der Oberfläche des Verkehrswegs,
die Art und Größe der zur Einbettung der Kabel etwa herzustellenden Kanäle.

Wird die Umlegung oder Veränderung vorhandener oder solcher in der Vorbereitung befindlicher besonderer Anlagen verlangt, deren Herstellung im öffentlichen Interesse liegt, so ist in dem Plane darauf hinzuweisen.

Die Behörde, welche den Plan auslegt, hat ihn mit ihrer Unterschrift zu versehen. Die Post- oder Telegraphenämter, bei welchen der Plan ausgelegt wird, haben den ersten Tag der Auslegung auf dem Plane zu vermerken.

4. Die Telegraphenverwaltung hat vor der Feststellung des Planes auf Verlangen eines der Beteiligten, welchen nach § 7 Abs. 2 der Plan besonders mitzuteilen ist, bei einer Ortsbesichtigung mitzuwirken. Die Kosten der Ortsbesichtigung trägt die Telegraphenverwaltung.

Den Beteiligten wird für ihr Erscheinen oder für ihre Vertretung vor der Behörde eine Entschädigung nicht gewährt.

5. Für das Einspruchsverfahren gelten folgende Bestimmungen:

A. Der Einspruch ist schriftlich oder zu Protokoll zu erklären. Die Einspruchsschrift soll die zur Begründung des Einspruchs dienenden Tatsachen enthalten.

Zur Entgegennahme des Einspruchs sind an Stelle der Behörde, die den Plan ausgelegt hat, auch die Post- und Telegraphenämter ermächtigt, bei denen der Plan ausgelegt ist.

B. Nach Ablauf der Einspruchsfrist werden die Einsprüche gegen den Plan, sofern dies die Behörde, die den Plan ausgelegt hat, zur Aufklärung der Sachlage oder zur Herbeiführung einer Verständigung für zweckdienlich erachtet, in einem Termine vor einem Beauftragten der genannten Behörde erörtert.

C. Zu dem Termine werden diejenigen, welche Einspruch erhoben haben, vorgeladen.

Denjenigen, welchen der Plan gemäß § 7 Abs. 2 mitgeteilt ist, wird von dem Termine Kenntnis gegeben.

Die Erschienenen werden mit ihren Erklärungen zu Protokoll gehört.

Der Beauftragte hat die Verhandlungen nach ihrem Abschlusse der Behörde, die den Plan ausgelegt hat, einzureichen.

D. Die Behörde, die den Plan ausgelegt hat, übersendet die Verhandlungen, sofern die erhobenen Einsprüche nicht zurückgenommen sind, der höheren Verwaltungsbehörde.

E. Die höhere Verwaltungsbehörde entscheidet auf Grund der ihr übersandten Verhandlungen und des Ergebnisses der etwa weiter von ihr angestellten Ermittelungen.

Sie hat ihre Entscheidung der Behörde, die den Plan

ausgelegt hat, sowie denjenigen, welche Einspruch erhoben haben, zuzustellen.

F. Die Beschwerde ist bei der höheren Verwaltungsbehörde, deren Entscheidung angefochten werden soll, oder bei der Landes-Zentralbehörde schriftlich einzureichen und zu rechtfertigen.

G. Zustellungen erfolgen unter entsprechender Anwendung der §§ 208 bis 213 der Zivilprozeßordnung (Reichs-Gesetzblatt 1898 S. 410ff.).

H. Die in dem Einspruchsverfahren zugezogenen Zeugen und Sachverständigen erhalten Gebühren nach Maßgabe der Gebührenordnung für Zeugen und Sachverständige (Reichs-Gesetzblatt 1898 S. 689ff.).

J. Im Einspruchsverfahren kommen Gebühren und Stempel nicht zum Ansatze.

Die durch unbegründete Einwendungen erwachsenen Kosten fallen demjenigen zur Last, der sie verursacht hat; die übrigen Kosten trägt die Telegraphenverwaltung. Die Bestimmung der Nr. 4 Abs. 2 findet Anwendung.

K. Im Einspruchsverfahren ist von Amts wegen über die Verpflichtung zur Tragung der entstandenen Kosten und über die Höhe der zu erstattenden Beträge zu entscheiden.

Die Kosten werden durch Vermittlung der höheren Verwaltungsbehörde in derselben Weise beigetrieben wie Gemeindeabgaben.

L. Das Einspruchsverfahren ist in allen Instanzen als schleunige Angelegenheit zu behandeln.

6. Soweit den Straßenbau- und Polizeibeamten die Beaufsichtigung und die vorläufige Wiederherstellung der Reichstelegraphenleitungen übertragen wird, erhalten sie dafür eine Vergütung von 3 Mark bis 4 Mark für das Jahr und das Kilometer Linie. Für die Ermittelung der Täter vorsätzlicher oder fahrlässiger Beschädigungen der Reichstelegraphenlinien erhalten die Straßenbau- und Polizeibeamten Belohnungen bis zur Höhe von 15 Mark.

Berlin, den 26. Januar 1900.

Der Reichskanzler.

In Vertretung:

v. Podbielski.

VI. Anhang.

1. Begründung der Gesetzesvorlage zu den §§ 5 und 6 des Entwurfs.

§§ 5, 6. Neben dem bestimmungsmäßigen Gemeingebrauch für die Personenbeförderung und die Güterbewegung dienen die öffentlichen Wege noch der Unterbringung von Anlagen, welche besonderen wirtschaftlichen Zwecken gewidmet sind (besondere Anlagen) und deren Herstellung und Betrieb sich mit dem der Telegraphenanlagen nicht immer vereinigen läßt. Die zahlreichsten und wichtigsten dieser Anlagen sind die neuerdings sich stark vermehrenden Einrichtungen der elektrischen Starkstromtechnik, vor allem elektrische Bahnen, Beleuchtungs- und Kraftübertragungsanlagen. Neben ihnen kommen vor allem noch in Betracht die Kanalisations-, Gas- und Wasserleitungen.

Bei der Regelung des Verhältnisses der Telegraphenanlagen zu diesen ist folgendes zu berücksichtigen. Die Wege sind um des Gemeingebrauchs willen geschaffen, den besonderen Anlagen dienen sie nur, wenn und insoweit der Gemeingebrauch dies gestattet. Insofern stehen die besonderen Anlagen mit den Telegraphenanlagen auf der gleichen Stufe. Man kann schon aus diesem Grunde nicht verlangen, daß die Telegraphenlinien den besonderen Anlagen schlechtweg nachstehen müssen, wie dies gegenüber der Benutzung des Weges zum Gemeingebrauch der Fall ist. Im allgemeinen können die besonderen Anlagen keinen Vorzug vor den Telegraphenlinien beanspruchen und letztere keinen Vorzug vor jenen. Abweichungen von diesem Grundsatze lassen sich nur da begründen, wo im einzelnen Falle die eine Gruppe in höherem Maße dem öffentlichen Wohle zu dienen hat wie die andere.

Das Prinzip der Gleichberechtigung führt dahin, daß jede Gattung von Anlagen die andere zu respektieren hat, wo sie dieselben vorfindet, und daß keine von beiden auf die andere Rücksicht zu nehmen hat, wo die andere noch nicht in die Erscheinung getreten ist. In der Tat würde es zu unhaltbaren Konsequenzen führen, wenn man verlangen wollte, daß solche besonderen Anlagen unterbleiben müßten, weil möglicherweise künftig an dem Wege Telegraphenlinien angelegt werden könnten oder umgekehrt. Man würde dadurch die Entwicklung der einen oder anderen Gattung unmöglich machen.

Der Grundsatz, daß neu hinzutretende Anlagen der einen Art auf vorhandene Anlagen der anderen Art zu rücksichtigen haben, hat bereits für den wichtigsten Fall, nämlich den des Verhältnisses der Stark- zu den Schwachstromanlagen, im § 12 des Telegraphengesetzes Anerkennung gefunden. Diese der Initiative des Reichstags entsprungene Bestimmung ordnet an, daß neue elektrische Anlagen, welche vorhandene ältere zu stören geeignet sind, so auszuführen seien, daß sie die älteren nicht störend beeinflussen, und daß die hierdurch entstehenden Kosten von dem Unternehmer der späteren Anlage getragen werden müssen. Der im § 12 zur Annahme gelangte Vorschlag war seiner Zeit nur deshalb angefochten worden, weil die Meinung vertreten wurde, die Fernsprechleitungen sollten, ehe sie einen Schutz gegenüber späteren Stromanlagen beanspruchen könnten, „in sich selbst geschützt werden“: damit war gemeint, sie sollten auf Kosten der Telegraphenverwaltung mit metallischer Rückleitung versehen werden, nicht die Erde als Rückleitung benutzen dürfen. Die Telegraphenverwaltung bekämpfte dieses Verlangen und drang damals durch. Nachdem jetzt die Reichsverwaltung sich entschlossen hat, im Falle des Zustandekommens dieses Gesetzes zum Doppelleitungsbetrieb überzugehen, wird es um so weniger Bedenken finden, das Prinzip des § 12 des Telegraphengesetzes allgemein auf das Verhältnis der Telegraphenanlagen zu den sonstigen besonderen Anlagen anzuwenden. Dies ist in den §§ 5 und 6 geschehen: von diesen bezieht sich der § 5 auf die bei der Herstellung von Telegraphenlinien bereits vorhandenen, der § 6 auf die Anlagen, welche erst später zur Ausführung gelangen. Die §§ 5 und 6 enthalten aber einige wichtige Ausnahmen, welche hauptsächlich den besonderen Anlagen zugute kommen. Zunächst stellen sie den vorhandenen besonderen Anlagen diejenigen gleich, welche sich noch in der Vorbereitung befinden. Sodann verordnen sie, daß vorhandene Anlagen den späteren auf deren Kosten zu weichen haben, wenn die spätere Anlage eine solche ist, die im öffentlichen Interesse liegt (was bei Telegraphenanlagen immer der Fall ist) und welche andernfalls unterbleiben müßte, überdies aber für die vorhandene Anlage ein anderer zweckentsprechender Weg zu Gebote steht. Natürlich kann für den Umfang der dem Unternehmer der späteren Anlage zur Last fallenden Pflicht zur Erstattung der Kosten der Verlegung der früheren Anlage nur die bisherige Beschaffenheit der letzteren maßgebend sein. Dem Unternehmer der späteren Anlage kann also in keinem Falle die Erstattung der Kosten einer Erweiterung oder Verbesserung, die bei Gelegenheit der Verlegung der anderen Anlage an dieser ausgeführt wird, angesonnen werden. Um unwirtschaftliche Ausgaben zu vermeiden, dehnt der Entwurf unter entsprechender Anwendung der in § 904 BGB getroffenen Bestimmung diese Verlegungspflicht auch auf den Fall aus, daß die aus einer anderweiten Führung der späteren Anlage entstehenden Kosten gegenüber den aus einer Verlegung der vorhandenen Anlage erwachsenden unverhältnismäßig hoch sein würden.

Aber auch für den Fall der Verlegung einer vorhandenen Telegraphenanlage zugunsten einer späteren besonderen Anlage legt der § 6 die Verlegungskosten der Telegraphenverwaltung auf, wenn die spätere Anlage eine solche ist, deren Herstellung aus hygienischen oder sonstigen auf dem Gebiete der Verwaltungs- oder Sicherheitspolizei liegenden Gründen geboten ist und bei der, falls überhaupt eine Gebührenerhebung in Aussicht genommen ist, die Höhe der Gebühr sich doch in solchen Grenzen hält, daß dem Unternehmen ein gewerblicher Charakter nicht beizumessen ist. Der Grund liegt darin, daß bei dieser Art von Anlagen der Pflichtige nicht die freie Wahl hat, sie herzustellen oder zu unterlassen, und es daher unbillig sein würde, ihm in dieser Zwangslage deshalb erhöhte Kosten aufzulegen, weil schon Telegraphenanlagen am Wege vorhanden sind.

Schließlich sei bemerkt, daß die §§ 5 und 6 sich auf besondere Anlagen, welche für die Zwecke der Wegeunterhaltung erforderlich sind, überhaupt nicht beziehen. Solche Anlagen haben nach § 3 Abs. 1 schlechtweg den Vorrang auch vor schon vorhandenen Telegraphenlinien. Die Mehrkosten, welche bei ihrer Herstellung durch die Rücksicht auf bestehende Telegraphenlinien erwachsen, fallen unter die nach § 2 Abs. 2 stets von der Telegraphenverwaltung zu tragenden Kosten einer Erschwerung der Unterhaltungspflicht.

Soweit übrigens landesrechtlich der Unternehmer zur Errichtung besonderer Anlagen einer obrigkeitlichen Genehmigung bedarf, bleibt das Recht der Landesbehörde unberührt, nach ihrem Ermessen dem Unternehmer bei der Erteilung der Genehmigung andere als die aus den Vorschriften der §§ 5 und 6 sich ergebenden Bedingungen aufzuerlegen.

Im einzelnen ist noch zu bemerken:

Zu § 5: In der Regel wird ein Verkehrsweg auch dann, wenn sich auf ihm bereits eine besondere Anlage befindet, noch genügend Raum zur Unterbringung einer Telegraphenlinie bieten. Nach § 5 Abs. 1 muß die spätere Telegraphenlinie so ausgeführt werden, daß sie die vorhandene Anlage nicht störend beeinflußt. Dies wird sich gegenüber Anlagen, die sich auf der einen Seite des Verkehrsweges befinden, oft schon dadurch erreichen lassen, daß die Telegraphenlinie auf der anderen Seite des Weges geführt wird.

Unter welchen Voraussetzungen eine Anlage als „in Vorbereitung befindlich" anzusehen ist, soll nach § 18 Nr. 2 durch die Ausführungsverordnung näher bestimmt werden. Maßgebend werden hierfür die nachstehenden Gesichtspunkte sein.

In der Vorbereitung befinden sich Anlagen, zu deren Ausführung die Genehmigung einer staatlichen Behörde erforderlich ist, sobald diese Genehmigung erteilt ist, Anlagen, zu deren Herstellung der Unternehmer die Zustimmung des Eigentümers des Wegekörpers oder anderer am Verkehrswege nutzungsberechtigter Personen bedarf, sobald diese Zustimmung erklärt worden ist; alle übrigen Anlagen, soweit nachweisbar ein ausgearbeiteter Plan vorliegt, der die für die Ausführung wesentlichen Punkte enthält. Diese Gesichtspunkte sind insbesondere auch maßgebend, wenn es sich darum handelt, ob eine Straßenbahn mit Dampfbetrieb, deren Umwandlung in eine solche mit elektrischem Betrieb beabsichtigt ist, als eine in Vorbereitung befindliche elektrische Anlage anzusehen sei.

Zu § 6: Wie bereits hervorgehoben ist, wird die Telegraphenverwaltung bei der Herstellung neuer Telegraphenlinien tunlichst darauf Rücksicht nehmen, daß ein Verkehrsweg auch in Zukunft trotz des Bestehens der Telegraphenlinie noch für besondere Anlagen benutzt werden kann.

2. Bericht der Reichstagskommission zu den §§ 5, 6 des Entwurfs.

Auszug aus Nr. 498 der Drucksachen des Reichstags, X. Legislaturperiode, I. Session 1898 bis 1900.

§ 5.

§ 5 beschäftigt sich mit der Frage, welche Berücksichtigung schon vorhandenen besonderen Anlagen der späteren Einführung von Telegraphenlinien gegenüber zuteil werden sollen, und unter welchen Voraussetzungen die Anlagen den Telegraphenlinien weichen müssen.

Zu diesem Paragraph lagen folgende Abänderungsanträge vor:

1. in § 5 Zeile 1 die Worte „nach Möglichkeit" zu streichen;
2. in § 5 Absatz 1

   Zeile 2 vor dem Worte „Kanalisations-" einzuschalten „alle der Wegeunterhaltung dienende Einrichtungen";
3. in § 5

   a) hinter dem dritten Absatze folgenden vierten Absatz hinzuzufügen:

   „Die Telegraphenverwaltung hat die Telegraphenlinien gegen Störungen durch vorhandene besondere Anlagen selbst zu schützen."

   b) den letzten Absatz folgendermaßen zu fassen:

   „Diese Vorschriften finden auf besondere Anlagen, welche in der Vorbereitung begriffen sind, entsprechende Anwendung. Als in Vorbereitung begriffen gelten Anlagen, sobald sie auf Grund eines ausgearbeiteten Planes die Genehmigung dessen, für welchen sie ausgeführt werden sollen, und die etwa erforderlichen Genehmigungen der zuständigen Staatsbehörde und des Eigentümers oder des sonstigen Nutzungsberechtigten des in Anspruch genommenen Weges erhalten haben."

Zur Begründung des Antrages unter 1 wurde darauf hingewiesen, es würde aller Billigkeit widersprechen, wolle man der

Telegraphenverwaltung, die ein Mitbenutzungsrecht an ihr fremden Wegen beanspruche, überlassen, zu bestimmen, wieweit es möglich sei, daß neu eingeführte Telegraphenlinien vorhandene besondere Anlagen nicht störend beeinflussen. Es sei vielmehr davon auszugehen, daß schon eine Störung vorhandener besonderer Anlagen durch neueingeführte Telegraphenlinien völlig ausgeschlossen sei. Daß dieser Grundsatz in § 5 zur Anerkennung gelange, während indes ausgesprochen werde, daß spätere besondere Anlagen nach Möglichkeit so auszuführen seien, daß sie die vorhandenen Telegraphenlinien nicht störend beeinflussen, sei durchaus kein Widerspruch. In dem ersten Falle handelt es sich um eine Verpflichtung der Telegraphenverwaltung, der nur unter dieser bestimmten Voraussetzung ein Mitbenutzungsrecht auf ihr fremdem Gebiete eingeräumt werden solle, während sich § 6 damit beschäftige, wie es zu halten sei, wenn der ursprünglich und zunächst Berechtigte, dafern bereits eine Telegraphenlinie vorhanden ist, eine besondere Anlage einführen will.

Dieser Darlegung wurde von der Kommission allseitig zugestimmt. Der Antrag unter 1 fand einstimmige Annahme.

Durch den Antrag unter 2 sollte in erster Linie zum Ausdruck gebracht werden, daß der Eigentümer der besonderen Anlage das ältere Recht gegenüber der Telegraphenverwaltung habe und deshalb zu schützen sei. Auf den Einwand eines Regierungsvertreters, nach der Begründung des Entwurfs (S. 56 Abs. 3) hätten die für die Zwecke der Wegeunterhaltung erforderlichen Anlagen nach § 3 Abs. 1 schlechtweg den Vorrang auch vor den vorhandenen Telegraphenlinien und es sei deshalb nicht nötig, dies auch im § 5 durch den beantragten Zusatz nochmals zur Anerkennung zu bringen, wurde darauf hingewiesen, daß die Gewähr für solchen Vorrang durch eine besondere Bestimmung im Gesetze selbst gegeben werden müsse. Überdies sei im § 3 nur von Unzuträglichkeiten die Rede, die sich nach Errichtung der Telegraphenlinie einstellen, während § 5 die Vorsichtsmaßregeln im Auge habe, die während der Errichtung einer Telegraphenlinie zu treffen sind, damit nicht besondere Anlagen gestört werden. Erst die Verletzung der in § 5 bestimmten Vorsichtsmaßregeln gewähre den im § 3 gewährleisteten Anspruch auf Änderung und Beseitigung der Telegraphenlinie.

Nachdem nach dieser Darlegung auch der Vertreter der verbündeten Regierungen den Antrag unter 2 für unbedenklich bezeichnet hatte, wurde er einstimmig angenommen.

Zu dem Antrag unter 3 endlich hatten folgende Erwägungen geführt: die Telegraphenverwaltung sei verpflichtet, ihre Anlagen gegen Störungen durch vorhandene besondere Anlagen selbst zu schützen. Dies müsse im Gesetz ausdrücklich ausgesprochen werden. Ferner genüge nicht, daß nur in der Begründung des Entwurfs (S. 57 Abs. 4) gesagt werde, was unter besonderen Anlagen, die sich in Vorbereitung befinden, zu verstehen sei, ebensowenig könne dem Reichskanzler überlassen werden, Anordnungen zu treffen über die Voraussetzungen, unter denen eine besondere Anlage im Sinne des § 5 Abs. 4 als in der Vorbereitung befindlich anzusehen sei (§ 18 des Entwurfs). Diese Begriffsbestimmung müsse im Gesetze gegeben werden.

Von einem Mitgliede der Kommission wurde dagegen der Standpunkt vertreten, daß die Vorschrift des Abs. 4 des § 5 der Regierungsvorlage überhaupt keine innere Berechtigung habe, da kein Grund ersichtlich sei, weshalb die erst in der Vorbereitung befindlichen Anlagen denjenigen Schutz genießen sollten, wie bereits ausgeführte Anlagen. Er sei deshalb in erster Linie für Streichung des ganzen Absatzes 4. Wenn aber die Mehrheit für die Aufrechterhaltung dieser Bestimmung sei, so halte er es für besser, im Gesetze ausdrücklich festzustellen, wann eine Anlage als in der Vorbereitung befindlich anzusehen sei.

Seitens eines Vertreters der verbündeten Regierungen wurde darauf hingewiesen, daß die Vorschrift des Abs. 4 des Gesetzentwurfs ein sehr weitgehendes Entgegenkommen gegenüber dem gegenwärtigen Rechtszustande, wie er durch § 12 des Telegraphengesetzes geregelt sei, bedeute. Andererseits sei es aber sachlich unbedenklich, im Gesetze selbst die Frage, welche Anlagen solche seien, die sich in der Vorbereitung befänden, zu regeln. Aus formellen Gründen müsse er sich aber dagegen erklären, weil es schwierig sei, eine für alle Verhältnisse dauernd zutreffende Begriffsbestimmung zu finden.

Jedenfalls empfehle er diesem Teil des Antrags (Antrag 3 b) folgende Fassung zu geben:

> „Als in der Vorbereitung begriffen gelten Anlagen, sobald sie auf Grund eines ausgearbeiteten Planes, der die für die Ausführung wesentlichen Punkte enthält, die Genehmigung dessen, für welchen sie ausgeführt werden sollen, und die etwa erforderlichen Genehmigungen der zuständigen Behör-

den und des Eigentümers oder des sonstigen Nutzungsberechtigten des in Anspruch genommenen Weges erhalten habe."

Zu Bedenken gebe auch der 1. Teil des Antrags Anlaß, und zwar aus technischen Gründen. Denn es werde noch oft die Frage entstehen, wie diese Telegraphenlinien zu schützen seien, dagegen sei er bereit, zu Protokoll zu erklären, daß — grundsätzlich — die Telegraphenverwaltung verpflichtet ist, ihre Anlagen zu schützen. Hierauf gab der Vertreter der Telegraphenverwaltung folgende Erklärung zu Protokoll ab:

„es sei Sache der Telegraphenverwaltung, auf ihre Kosten die Maßregeln zu treffen, welche zum Schutze ihrer Anlagen gegenüber vorhandenen besonderen Anlagen erforderlich sind."

Der Antragsteller erklärte sich mit der nach dem Vorschlag des Regierungsvertreters abgeänderten Fassung des ersten Absatzes seines Antrages einverstanden und zog wegen der zuletzt abgegebenen Erklärung desselben Regierungsvertreters den ersten Teil seines Antrages zurück.

Bei der Abstimmung wurde der Antrag des letzten Antragstellers in der abgeänderten Fassung und darauf der ganze Paragraph mit den beschlossenen Abänderungen angenommen.

In der zweiten Lesung wurde zunächst beschlossen, im ersten Absatz das erste der in der Klammer stehenden Worte — alle — aus sprachlichen Gründen zu streichen. Bei Beratung des dritten Absatzes erhob sich wieder die Frage, ob im Gesetze selbst angegeben werden solle, wann eine Anlage als in der Vorbereitung begriffen zu gelten habe oder ob dem Reichskanzler überlassen werden solle, die Voraussetzungen zu bezeichnen, unter denen eine besondere Anlage als in der Vorbereitung befindlich anzusehen ist. Die Mehrheit der Kommissionsmitglieder entschied sich dem Beschlusse in der ersten Lesung entsprechend für Festlegung der Bezeichnung im Gesetz, doch erhielt die betreffende Bestimmung aus sprachlichen Gründen folgende Fassung:

„Als in Vorbereitung begriffen gelten Anlagen, sobald sie auf Grund eines im einzelnen ausgearbeiteten Planes die Genehmigung des Auftraggebers und, soweit erforderlich, die Genehmigung der zuständigen Behörden und des Eigentümers oder des sonstigen Nutzungsberechtigten des in Anspruch genommenen Weges erhalten haben."

Im übrigen verblieb es bei den Beschlüssen der ersten Lesung.

§ 6.

§ 6 des Entwurfs befaßt sich mit der Regelung der Frage, was zu geschehen hat, wenn eine besondere Anlage auf einem öffentlichen Verkehrswege, auf dem sich bereits eine Telegraphenlinie befindet, hergestellt werden soll; ob und unter welchen Voraussetzungen und mit welchen Folgen in solchen Fällen die Verlegung, Veränderung der schon bestehenden Telegraphenlinie verlangt werden kann. Wie von einem Vertreter der verbündeten Regierungen hervorgehoben wurde, kann nach der jetzigen Rechtslage die Telegraphenverwaltung, wenn sie ihre Berechtigung zur Benutzung des Weges auf vertragsmäßige Vereinbarungen gründet, nicht genötigt werden, ihre Linien zu ändern oder zu verlegen, weil die Herstellung einer späteren, im öffentlichen Interesse liegenden besonderen Anlage sonst unterbleiben müßte. Sind die späteren besonderen Anlagen elektrische Anlagen, dann kommt zurzeit § 12 des Telegraphengesetzes vom 6. April 1892 zur Anwendung.

Der Entwurf sieht an sich vor, daß unter gewissen Voraussetzungen die Verlegung oder Veränderung einer Telegraphenlinie wegen der späteren besonderen Anlage verlangt werden kann, er macht das Verlangen aber davon abhängig, daß es sich um eine besondere Anlage im öffentlichen Interesse handelt und deren Herstellung sonst unterbleiben müßte, oder daß der dem Unternehmer einer solchen Anlage andernfalls entstehende Schaden gegenüber den aus der Verlegung oder Veränderung der Telegraphenlinie erwachsenden Kosten unverhältnismäßig groß ist und daß in dem einen oder dem anderen Fall die Telegraphenlinie ihrem Zwecke entsprechend anderweit untergebracht werden kann. Die Kosten, die aus der Verlegung oder Veränderung der Telegraphenlinie oder aus der Herstellung erforderlicher Schutzvorkehrungen erwachsen, fallen nach dem Entwurf dem Unternehmer der späteren Anlage zur Last. Nur dann soll die Telegraphenverwaltung die Kosten tragen, wenn die Herstellung der Anlage aus Rücksichten der Gesundheitspflege oder aus sonstigen polizeilichen Gründen erforderlich ist und für die Benutzung der Anlage eine Gebühr überhaupt nicht erhoben wird oder die zur Erhebung kommende Gebühr nur zur Deckung der Verwaltungs- und Unterhaltungskosten der Anlage einschließlich der Ausgaben für die Verzinsung und Tilgung des aufgewendeten Kapitals dient.

Von der Telegraphenverwaltung wurde noch darauf hingewiesen, daß die Unternehmer späterer elektrischer Anlagen durch den ins Werk gesetzten Übergang zum Doppelleitungsbetriebe der Fernsprechlinien wesentlich entlastet werden. Diese Umwandlung werde von der Reichs-Telegraphenverwaltung, soweit es die im Etat zur Verfügung stehenden Mittel gestatten, mit allem Nachdruck gefördert werden. Wo die Telephonlinien mit metallischer Rückleitung ausgestattet seien, entfalle für den Unternehmer einer späteren elektrischen Anlage der größte Teil der gegenwärtig durch Schutzvorkehrungen nötig werdenden Ausgaben.

Die vom Entwurf vorgeschlagene Regelung fand nicht den Beifall der Kommission. Nach der Ansicht der überwiegenden Mehrzahl der Kommissionsmitglieder belasteten diese Bestimmungen zu sehr die zur Unterhaltung der Verkehrswege Verpflichteten, also im wesentlichen die Gemeinden, und würden den Interessen und Bedürfnissen nicht gerecht.

Von verschiedenen Mitgliedern der Kommission wurde deshalb der Versuch gemacht, Abhilfe in der bezeichneten Richtung zu schaffen. Es wurden verschiedene Wege eingeschlagen.

I. Ein Mitglied der Kommission wollte dadurch helfen, daß die Telegraphenverwaltung die Kosten zu tragen hat, die entstehen, weil wegen einer späteren (besonderen) Anlage die schon vorhandenen Telegraphenlinien mit besonderen Schutzvorkehrungen zu versehen sind, oder weil wegen der schon vorhandenen Telegraphenlinien der späteren besonderen Anlage eine von der regelmäßigen abweichende Ausführung zu geben ist.

Zur Begründung dieses Wunsches wurde darauf hingewiesen, daß man dem Unterhaltungspflichtigen, dem Eigentümer des Weges nicht zumuten könne, die Kosten zu tragen, die der Telegraphenverwaltung, der doch eine Vergünstigung, nur ein Mitbenutzungsrecht, eine beschränkte persönliche Dienstbarkeit (BGB § 1090) eingeräumt werde, erwüchsen oder die durch diese Vergünstigung, durch Ausübung dieses Rechts von der Verwaltung verursacht würden. Eine solche Belastung sei um so weniger angezeigt, als die von der Telegraphenverwaltung beanspruchte Benutzung des Verkehrswegs mit dessen Zweckbestimmung nicht übereinstimme, den bestimmungsgemäßen Gebrauch des Verkehrswegs vielmehr erschwere.

Dieser Antrag wurde später zugunsten des unter III erwähnten zurückgezogen.

II. In derselben Richtung wie der eben besprochene Antrag ging der Antrag eines anderen Kommissionsmitgliedes, nach dem die Kosten aus der Verlegung oder Veränderung der Telegraphenlinie oder aus der Herstellung erforderlicher Schutzvorkehrungen auch dann die Telegraphenverwaltung zu tragen hat, wenn die Herstellung der besonderen Anlage aus Rücksichten des öffentlichen Verkehrs oder der Unterhaltung der Verkehrswege erforderlich ist.

III. Während die beiden letzten Anträge sich nur mit der Verteilung der bezeichneten Kosten beschäftigten, wollte der Antrag eines dritten Kommissionsmitgliedes in erster Linie die Befugnis der Unterhaltungspflichtigen, Verlegung und Veränderung einer Telegraphenlinie zu verlangen, erweitern, befaßte sich überdies aber auch mit der Verteilung der Kosten, indem er den Antrag unter I zum Teil aufnahm.

Dieser Antrag ging dahin:

Absatz 2 des § 6 wie folgt zu fassen:

„Dem Verlangen einer Verlegung oder einer Veränderung einer Telegraphenlinie muß stattgegeben werden, wenn die Herstellung einer späteren besonderen Anlage im öffentlichen Interesse oder aus volkswirtschaftlichen oder aus Verkehrsrücksichten von den Unterhaltungspflichtigen öffentlicher Verkehrswege zur Ausführung gebracht werden soll.

Muß wegen einer späteren besonderen Anlage die schon vorhandene Telegraphenlinie mit besonderen Schutzvorrichtungen versehen werden, so sind die daraus entstehenden Kosten von der Telegraphenverwaltung zu tragen.

Die durch Verlegung oder Veränderung einer Telegraphenlinie entstehenden Kosten sind von der Telegraphenverwaltung zu tragen."

Der Antrag sollte den Grundsatz, welcher Schutz den im Antrag bezeichneten öffentlichen besonderen Anlagen gegen die Telegraphenlinien zu gewähren sei, bestimmt zum Ausdruck bringen. Wenn solcher Schutz nicht gewährt werde, sei es geradezu unmöglich, in Großstädten, wie z. B. in Berlin, noch neue Anlagen, die sich wegen des gewaltigen Verkehrs auf den Straßen nur noch unterirdisch anbringen ließen, einzuführen. Solcher Schutz sei aber den besonderen Anlagen nicht nur dann zu gewähren, wenn sie im öffentlichen Interesse liegen, sondern auch dann, wenn sie aus volkswirtschaftlichen oder aus Verkehrsrücksichten zur Ausführung gebracht werden sollen. Es sei nicht sachgemäß, der Gemeinde die Kosten aufzuerlegen, die der Telegraphenverwaltung durch die Schutzvorrichtungen für ihre Linien erwachsen.

Diese Darlegung fand Unterstützung durch den von anderer Seite entwickelten Gedanken, daß zwar im allgemeinen bei einem Streit zwischen privaten und öffentlichen Interessen die privaten den öffentlichen weichen müssen; handele es sich aber um einen Kampf zwischen einem öffentlichen Interesse mit einem anderen öffentlichen Interesse, so sei dasjenige das stärkere, das noch das Recht aus dem Eigentum für sich habe; somit müsse in der zur Entscheidung stehenden Frage den Interessen des zur Unterhaltung der Wege Verpflichteten, den Gemeinden, der Vorrang eingeräumt werden.

IV. Der Grundgedanke des Antrags unter III, so wurde von einem anderen Mitgliede der Kommission ausgeführt, sei zutreffend, doch enthalte der Antrag eine Lücke. Er setze voraus, daß die besonderen Anlagen stets nur von dem zur Unterhaltung des Weges Verpflichteten vorgenommen werden. Es komme aber sehr häufig auch in Städten vor, daß von dritten Personen, Aktiengesellschaften, die Anlagen ausgeführt werden.

Es sei zwar zugegeben, daß kein Grund vorliege, dem Großkapital, den großen privaten Unternehmungen ein Vorrecht vor den Anlagen der Telegraphenverwaltung einzuräumen. Dagegen müsse bei der Benutzung eines Weges das Interesse des Wegeberechtigten allen anderen dritten Interessen unbedingt vorgehen. Kleinere Gemeinden seien überhaupt nicht in der Lage, aus eigenen Mitteln solche Anlagen herzustellen, sie seien geradezu gezwungen, die Herstellung dieser Anlagen privaten Gesellschaften zu überlassen, oder nur in der Lage, im Verein mit anderen öffentlichen Verbänden (Gemeinden, Kreisen) sich an derartigen Unternehmungen zu beteiligen. In beiden Fällen würden die Anlagen nicht von dem Unterhaltungspflichtigen hergestellt.

Selbst eine Stadt wie Berlin würde gar keine besonderen Rechte der Telegraphenverwaltung gegenüber erlangen, wenn nur solche Anlagen berücksichtigt werden sollen, die von dem Wegeunterhaltungspflichtigen ausgeführt worden sind, weil auch hier zurzeit die Ausführung und der Betrieb solcher Anlagen ausnahmslos besonderen Unternehmern überlassen sei.

Man dürfe auf diesem Gebiete der Betätigung der Industrie keine Schwierigkeiten bereiten, denn für die allgemeine Konkurrenzfähigkeit Deutschlands werde maßgebend sein die Entwicklung seiner elektrischen Industrie.

Um diesen Anforderungen der tatsächlichen Verhältnisse und

den Rücksichten auf die Privatindustrie gerecht zu werden, habe er folgenden Antrag eingebracht:

a) dem Absatz 1 hinzuzufügen:

„Die Telegraphenverwaltung ist nur dann berechtigt, späteren Anlagen auf einem Verkehrswege zu widersprechen, wenn durch dieselben die Telegraphenlinien unbenutzbar werden würden und nicht durch Schutzvorkehrungen gesichert werden können";

b) den Absatz 2 folgendermaßen zu fassen:

„Im Interesse späterer besonderer Anlagen kann die Verlegung oder Veränderung einer Telegraphenlinie nur gefordert werden, wenn

1. ein öffentliches Interesse oder ein wesentliches Interesse des Wegeberechtigten vorliegt;
2. die Anlage sonst unterbleiben müßte oder wenn der für dieselbe sonst entstehende Schaden gegenüber den aus der Verlegung der Telegraphenlinie entstehenden Kosten unverhältnismäßig groß sein würde, und wenn
3. die Telegraphenlinie anderweit ihrem Zwecke entsprechend untergebracht werden kann."

c) den Absatz 3 folgendermaßen zu fassen:

„Die aus der Verlegung oder Veränderung einer Telegraphenlinie oder aus der Herstellung erforderlicher Schutzvorkehrungen erwachsenden Kosten hat zu tragen die Telegraphenverwaltung, wenn die spätere Anlage dem öffentlichen Interesse dient oder von dem Wegeberechtigten unternommen wird oder in dessen wesentlichem Interesse liegt, sowie dann, wenn die Herstellung der Anlagen aus Rücksichten der Gesundheitspflege oder aus sonstigen polizeilichen Gründen erforderlich ist und sofern für die Benutzung einer solchen Anlage eine Gebühr überhaupt nicht erhoben wird oder die zur Erhebung kommende Gebühr nur zur Deckung der Verwaltungs- und Unterhaltungskosten der Anlage einschließlich der Ausgaben für Verzinsung und Tilgung des aufgewendeten Kapitals dient."

Werde sein Antrag nicht angenommen, dann müßten wenigstens in dem Antrag unter III im ersten Satze hinter dem Worte „Verkehrswege" die Worte

„oder unter dessen Beteiligung"

eingeschaltet werden.

Der Vertreter der verbündeten Regierungen erhob Bedenken gegen den zuletzt bezeichneten Antrag. Den von öffentlich-rechtlichen Verbänden, den Unterhaltungspflichtigen, hergestellten Anlagen könnten nicht solche gleichgestellt werden, die, wenn auch in gemeinnützigem Interesse, doch nur von privaten Gesellschaften ausgeführt werden.

Werde die Ausführung und der Betrieb einer an sich dem öffentlichen Interesse dienenden Anlage einer Gesellschaft überlassen, so sei bei jedem Vorteil, der solchen Unternehmungen eingeräumt werde, wesentlich das Privatinteresse der Aktionäre beteiligt. Derartigen Privatinteressen gegenüber müsse das von der Telegraphenverwaltung vertretene hervorragende öffentliche Interesse vorgehen.

Dagegen gestehe er dem im ersten Absatze des Antrags III ausgesprochenen Grundgedanken eine gewisse Berechtigung zu. Freilich werde seine Durchführung eine nicht unerhebliche finanzielle Belastung der Telegraphenverwaltung zur Folge haben.

Auch die Kommission schloß sich in ihrer Mehrheit dem in dem Antrag unter III niedergelegten Grundgedanken an. Sie verkannte aber auch nicht, daß dieser Antrag in der von dem letzten Antragsteller angedeuteten Richtung zu erweitern sei. Denn auch die kleinen Gemeinden, so wurde ausgeführt, strebten dahin und müßten dahin streben, sich die Einrichtungen und Anlagen der großen Städte zu verschaffen, seien aber hierzu nicht aus eigener Kraft, sondern nur bei Unterstützung weiterer Verbände und vielfach auch des Privatkapitals in der Lage. Bei ihnen sei also der Unterhaltungspflichtige oft nicht auch derjenige, der allein die Anlage zur Ausführung bringe.

In dem Bestreben, den Antrag unter III in der bezeichneten Richtung zu erweitern, doch so, daß dabei auch der Charakter des Unternehmens als eines solchen, das von gemeinnützigen Verbänden in der Hauptsache ausgeht, gewahrt bleibe, wurde aus der Mitte der Kommission vorgeschlagen, in dem Antrag unter III hinter dem Worte „Verkehrswege“ einzuschalten:

1. „oder unter wesentlicher Beteiligung derselben“,
2. „oder unter überwiegender Beteiligung derselben“,
3. „oder einer Mehrzahl von solchen“.

Keiner dieser Vorschläge fand zunächst den Beifall der Mehrzahl der Kommissionsmitglieder.

Namentlich wurde geltend gemacht, daß der Antrag unter III

auch mit den zuletzt bezeichneten erweiterten Zusätzen den praktischen Bedürfnissen nicht gerecht werde. Baue z. B. eine Mehrzahl von Gemeinden eine Wasserleitung oder beteilige sich eine Gemeinde an einem solchen Baue, würden hierbei aber Wege benutzt, für die keine der beteiligten Gemeinden selbst unterhaltungspflichtig sei, so müßten nach der gewählten Fassung die Kosten der etwa nötigen Verlegung oder Veränderung der Telegraphenlinien vom Unternehmer der besonderen Anlage, nicht von der Telegraphenverwaltung getragen werden. Denn Unterhaltungspflichtiger des benutzten Verkehrsweges sei keine der Gemeinden gewesen.

V. Ebenso gingen die Ansichten auseinander, ob, wie der Entwurf will, das Verlangen auf Verlegung oder Veränderung einer Telegraphenlinie davon abhängig gemacht werden könne, daß die Telegraphenlinie anderweit ihrem Zwecke entsprechend untergebracht werden könne. Von einem Mitgliede der Kommission wurde beantragt, die Bestimmung des Entwurfs zu streichen, indem darauf hingewiesen wurde, daß diese Einschränkung zu den unangenehmsten Streitigkeiten Anlaß geben werde. Überdies sei der Zusatz auch völlig entbehrlich, da die Telegraphenverwaltung stets in der Lage sein werde, ihre Linien anderweit unterzubringen. Diesem Verlangen und seiner Begründung wurde von dem Herrn Staatssekretär widersprochen. Es sei durchaus unrichtig, daß die Telegraphenlinien, auch wenn sie von dem öffentlichen Verkehrswege ausgeschlossen werden, stets anderweit untergebracht werden könnten. In Ostfriesland z. B. könnten für die Telegraphenlinien nur die großen öffentlichen Straßen benutzt werden, da das übrige Land von zahllosen Gräben durchzogen sei. Werden dort die Linien wegen späterer Starkstromanlagen von den großen Straßen verdrängt, dann würde die telegraphische Verbindung Deutschlands mit dem Weltverkehr unmöglich gemacht. Ähnlich liegen die Verhältnisse in der Gegend von Memel. Hierbei betonte der Herr Staatssekretär nochmals, daß die geplante gesetzliche Regelung der Starkstromindustrie nur die Wege ebene. Für alle Beteiligten sei der jetzt herrschende Zustand nachteiliger als die Rechtslage, die der Entwurf für sie in Aussicht nehme. Jetzt seien die Telegraphenlinien auf den Hauptstraßen zusammengedrängt, das Gesetz gebe die Möglichkeit, auf Nebenwege überzugehen.

VI. Mit Rücksicht auf diese Darlegung der tatsächlichen Verhältnisse, die aus der Mitte der Kommission bestätigt wurde, zog der Antragsteller den eben erwähnten Antrag zurück und brachte an dessen Stelle einen Vermittlungsantrag ein, der dahin ging:

§ 6 Abs. 2:

„Dem Verlangen einer Verlegung oder Veränderung einer Telegraphenlinie muß auf Kosten der Telegraphenverwaltung stattgegeben werden, wenn eine spätere Anlage aus Rücksichten des öffentlichen Verkehrs oder aus sonstigen Gründen des öffentlichen Interesses von dem Unterhaltungspflichtigen des Verkehrsweges zur Ausführung gebracht und betrieben werden soll und die Telegraphenlinie anderweit ihrem Zwecke entsprechend untergebracht werden kann. — Muß wegen einer solchen späteren besonderen Anlage die schon vorhandene Telegraphenlinie mit besonderen Schutzvorrichtungen versehen werden, so sind die daraus entstehenden Kosten von der Telegraphenverwaltung zu tragen. **Überläßt der Unterhaltungspflichtige binnen drei Jahren das Eigentum oder den Betrieb der Anlage einem anderen, so sind der Telegraphenverwaltung die durch die Verlegung oder Veränderung oder durch die Herstellung der Schutzvorkehrungen erwachsenden Kosten zu erstatten.**

Die Unternehmer anderer als der in Absatz 2 bezeichneten besonderen Anlagen haben die aus der Verlegung oder Veränderung der vorhandenen Telegraphenlinien oder aus der Herstellung der erforderlichen Schutzvorkehrungen an solchen erwachsenden Kosten zu tragen.

Auf spätere Änderungen vorhandener besonderer Anlagen finden die Vorschriften der Absätze 1—3 entsprechende Anwendung."

Dieser Antrag fußt auf dem Antrag III und enthält im wesentlichen in dem zweiten Satze des ersten Absatzes und im Absatz 3 nur Zusätze[1] zu diesem Antrag. Durch die erste dieser neuen[1] Bestimmungen soll verhindert werden, daß die Vorteile, die nur gemeinnützigen Verbänden gewährt werden sollen, der Privatindustrie zugute kommen, während die andere Bestimmung nur klar zum Ausdruck bringen soll, daß die Vergünstigung nur den im ersten Absatz bestimmt bezeichneten besonderen Anlagen zuteil werden soll.

[1] Neu sind die durch Fettdruck hervorgehobenen beiden Bestimmungen.

VII. Ein anderes Mitglied der Kommission regte an, ob nicht die Schwierigkeit, gesetzlich festzulegen, unter welchen Voraussetzungen eine Telegraphenlinie einer späteren besonderen Anlage zu weichen hat, dadurch gelöst werden könne, daß die Entscheidung darüber von Fall zu Fall einer unparteiischen höheren Verwaltungsbehörde übertragen werde.

Das preußische Gesetz über Kleinbahnen kenne eine entsprechende Bestimmung.

Dieser Vorschlag wurde aber von einem Regierungsvertreter als praktisch nicht durchführbar bezeichnet. Nicht in allen Teilen Deutschlands bestehe ein Verwaltungsstreitverfahren. Daß im ordentlichen Rechtsweg die Entscheidung getroffen werde, empfehle sich auch deshalb, weil dann durch einheitliche höchste Instanz, das Reichsgericht, allgemeine Grundsätze aufgestellt und festgehalten werden könnten.

Um leichter über den strittigen Punkt zu einer Einigung zu gelangen, wurde eine aus fünf Mitgliedern gebildete Unterkommission eingesetzt, mit dem Auftrag, für § 6 eine Fassung zu finden, die allen berechtigten Anforderungen möglichst gerecht werde.

In der Unterkommission wurde zunächst die Frage von neuem angeregt, ob der Schwierigkeit, gesetzlich festzulegen, unter welchen Voraussetzungen eine Telegraphenlinie einer besonderen Anlage zu weichen habe, nicht am besten dadurch begegnet werde, daß die Entscheidung darüber in einem Verwaltungsstreitverfahren oder durch ein näher zu bestimmendes Schiedsgericht getroffen werde. Der Vertreter der verbündeten Regierungen bezeichnete diesen Weg aber nicht für gangbar, da nicht in allen Staaten ein Verwaltungsstreitverfahren bestehe. Der gegebenen Anregung wurde von der Kommission auch nicht weiter stattgegeben, vielmehr beschlossen, zur Grundlage der Beratung den unter VI bezeichneten Antrag zu nehmen.

Die Kommission überzeugte sich zunächst davon, daß dem Verlangen einer Verlegung oder Veränderung einer Telegraphenlinie nicht schon dann stattzugeben ist, wenn eine spätere besondere Anlage eingeführt werden soll, sondern nur dann, wenn *sonst* (ohne Verlegung oder Veränderung der Telegraphenlinie) die Herstellung der späteren besonderen Anlage unterbleiben müßte oder wesentlich erschwert werden würde. Es kämen aber nicht nur solche besonderen Anlagen in Betracht, die aus Gründen des öffentlichen Interesses, sondern auch solche, die aus *volkswirtschaftlichen* Rücksichten zur Ausführung gebracht werden sollten. Über die Frage, wer diese Anlagen zur Ausführung zu bringen habe, einigten sich die Mitglieder der Unterkommission im Anschluß an die in der Kommission gegebenen Anregungen dahin, daß die Ausführung zu geschehen habe von dem Unterhaltungspflichtigen oder unter überwiegender Beteiligung desselben. Durch diese Fassung glaubte die Unterkommission allen geäußerten Wünschen gerecht zu werden, da dadurch für weniger vermögende Gemeinden die Möglichkeit geschaffen werde, andere kapitalkräftigere Verbände oder Vereinigungen zur Unterstützung des Unternehmens heranzuziehen, andererseits an dem Grundsatz festgehalten werde, daß der Unterhaltungspflichtige, meist die Gemeinde, ein Interesse an der Ausführung der besonderen Anlagen durch Aufwendung betätigen müsse.

Um aber wirksam jeder Schiebung und Verschleierung des wahren Sachverhältnisses vorzubeugen, so daß nicht alsbald einer Privatperson oder einer Gesellschaft die Vergünstigung ausschließlich zugute komme, beschloß die Kommission, der Bestimmung einen Zusatz in dieser Richtung zu geben. Dieser Zusatz sollte den Inhalt haben, daß der Telegraphenverwaltung die durch die Verlegung oder Veränderung oder durch die Herstellung von Schutzvorkehrungen erwachsenen Kosten anteilig zu erstatten sind, wenn ein Unterhaltungspflichtiger binnen fünf Jahren nach Inbetriebsetzung der besonderen Anlage seinen Anteil einem nicht unterhaltungspflichtigen Dritten überläßt. Im Anschluß daran sollte in einer weiteren Bestimmung noch ausdrücklich bemerkt werden, daß die Unternehmer anderer als der vorbezeichneten besonderen Anlagen die aus der Verlegung oder Veränderung[1] oder aus der Herstellung der erforderlichen Schutzvorkehrungen an solchen erwachsenden Kosten selbst zu tragen haben. Nach eingehender Besprechung wurde auch in der Frage, ob die Verlegung oder Veränderung einer Telegraphenlinie nur dann verlangt werden könne, wenn diese Linie anderweit ihrem Zwecke entsprechend untergebracht werden kann, Übereinstimmung erzielt. Die Kommission mußte von vornherein anerkennen, daß hervorragend wichtige Telegraphenlinien einen besonderen Rechtsschutz genießen müßten, daß die Verlegung solcher nicht verlangt werden könne, wenn die Führung auf einem anderen Verkehrswege unmöglich sei. Aus der

[1] Zu ergänzen: der vorhandenen Telegraphenlinien.

Mitte der Kommission wurde vorgeschlagen, diese Ausnahmestellung den Linien zu gewähren, die dem Verkehr mit dem Auslande dienen. Der Vertreter der verbündeten Regierungen schlug statt dessen vor, den Vorbehalt auf alle Telegraphenlinien zu erstrecken und nur zu bestimmen, daß die Linien für den **Vororts-** und **Nachbarorts**verkehr auch dann weichen müßten, wenn sie anderwärts **nicht** untergebracht werden können. Die Kommission gab aber dem ersten Vorschlag den Vorzug.

Auf Grund dieser Erwägungen beschloß die Unterkommission, den ersten Absatz des § 6 in der Fassung des Entwurfs zu belassen, den übrigen Absätzen aber folgende Fassung zu geben:

§ 6 Absatz 2:

„Dem Verlangen der Verlegung oder Veränderung einer Telegraphenlinie muß auf Kosten der Telegraphenverwaltung stattgegeben werden, wenn sonst die Herstellung einer späteren besonderen Anlage, welche aus Gründen des öffentlichen Interesses, insbesondere aus volkswirtschaftlichen oder Verkehrsrücksichten von den Unterhaltungspflichtigen der betreffenden Verkehrswege oder unter überwiegender Beteiligung derselben zur Ausführung gebracht werden soll, unterbleiben müßte oder wesentlich erschwert werden würde; die Verlegung einer dem Verkehr mit dem Auslande dienenden Telegraphenlinie kann nicht verlangt werden, wenn deren Führung auf einem anderen Verkehrswege unmöglich ist.

Muß wegen einer solchen besonderen späteren Anlage die schon vorhandene Telegraphenlinie mit Schutzvorkehrungen versehen werden, so sind die dadurch entstehenden Kosten von der Telegraphenverwaltung zu tragen.

Überläßt ein Unterhaltungspflichtiger binnen fünf Jahren nach Inbetriebsetzung der besonderen Anlage seinen Anteil einem nicht unterhaltungspflichtigen Dritten, so sind der Telegraphenverwaltung die durch die Verlegung oder Veränderung oder durch die Herstellung der Schutzvorkehrungen erwachsenen Kosten, soweit sie auf dessen Anteil fallen, zu erstatten.

Die Unternehmer anderer als der in Absatz 2 bezeichneten besonderen Anlagen haben die aus der Verlegung oder Veränderung der vorhandenen Telegraphenlinien oder aus der

Herstellung der erforderlichen Schutzvorkehrungen an solchen erwachsenden Kosten zu tragen.

Auf spätere Änderungen vorhandener besonderer Anlagen finden die Vorschriften der Absätze 1 bis 5 entsprechende Anwendung.

Nachdem dieser Vorschlag und die Erwägungen, die dazu geführt haben, in der Kommission zum Vortrag gelangt waren, erklärte der Herr Staatssekretär, daß er dessen Annahme zunächst empfehle. Es sei zwar nicht richtig, daß nach dem Vorschlag nur die Telegraphenlinien, die den Verkehr mit dem Ausland vermitteln, dann späteren besonderen Anlagen nicht zu weichen haben, wenn ihre Führung auf einem anderen Verkehrswege unmöglich ist. Diese Stellung sei auch den großen Inlandslinien einzuräumen. Auch sie seien von größter Wichtigkeit und hätten dem Reiche Millionen gekostet. Trotz dieser Bedenken befürworte er aber für die erste Lesung die Annahme dieses Vorschlags, damit wenigstens zunächst für die Regelung dieser Materie eine der Mehrheit der Kommission genehme Vorschrift gefunden werde, die bei der zweiten Lesung der Kommission zur Grundlage für weitere Beratungen dienen könne.

Auch aus der Kommission wurde kein Widerspruch gegen den Vorschlag gemacht. Die ihm entgegenstehenden Anträge (II, IV, VI) wurden zurückgezogen, während der Antragsteller des Antrags unter III durch Annahme des neuen Vorschlags seinen Antrag für erledigt erklärte.

Bei der Abstimmung wurden Absatz 1 des § 6 in der Fassung der Regierungsvorlage, die übrigen Absätze in der Fassung des Vorschlags der Unterkommission und darauf der ganze Paragraph mit den beschlossenen Abänderungen einstimmig angenommen.

Bei der zweiten Beratung wurde von verschiedenen Seiten eine Erweiterung einzelner Bestimmungen des § 6 gewünscht.

a) Von der einen Seite wurde darauf hingewiesen, daß nach der Fassung des zweiten Absatzes die dort den Unternehmern der bezeichneten besonderen Anlagen eingeräumte Vergünstigung zu eng begrenzt sei. Durch diese Fassung würden die Fälle nicht getroffen, in denen einer oder mehrere Wegeunterhaltungspflichtige Anlagen ausführen wollen, die sich über Wege verschiedener Unterhaltungspflichtiger erstrecken. Werde z. B. eine Straßenbahn von einem Stadtkreise auf seinen eigenen Wegen und auf Wegen des angrenzenden Landkreises zweier Gemeinden oder der Provinz errichtet, so komme ihm nach dem jetzigen Wortlaut der Bestimmung die Vergünstigung nicht zugute. Nach dem von der Kommission angenommenen Grundsatz müßten aber auch die Unternehmungen der Vergünstigung zuteil werden, die von einem oder mehreren der betreffenden Wegeunterhaltungspflichtigen auf den Wegen anderer Unterhaltungspflichtiger errichtet werden. Er schlage deshalb vor, im zweiten Absatz Zeile 9 hinter dem Worte „Beteiligung" die Worte „eines oder mehrerer" einzuschieben.

Ein anderes Mitglied der Kommission bemängelte aus sprachlichen Gründen den Wortlaut der Bestimmung und beantragte deshalb unter Verwertung des zuletzt geäußerten Gedankens der Bestimmung folgenden Wortlaut zu geben:

> „Dem Verlangen der Verlegung oder Veränderung einer Telegraphenlinie muß auf Kosten der Telegraphenverwaltung stattgegeben werden, wenn sonst die Herstellung einer späteren besonderen Anlage unterbleiben müßte oder wesentlich erschwert werden würde, welche aus Gründen des öffentlichen Interesses, insbesondere aus volkswirtschaftlichen oder Verkehrsrücksichten von den Wegeunterhaltungspflichtigen oder unter überwiegender Beteiligung eines oder mehrerer derselben zur Ausführung gebracht werden soll."

Dieser Antrag wurde einstimmig angenommen.

b) Durch den Antrag eines anderen Kommissionsmitgliedes sollte der Erklärung des Herrn Staatssekretärs, daß die Verlegung oder Veränderung auch großer Inlandslinien wegen späterer besonderer Anlagen dann nicht verlangt werden könne, wenn deren Führung auf einem anderen Verkehrswege unmöglich ist, Rechnung getragen werden.

Dieser Antrag ging dahin:

> „Die Verlegung einer nicht lediglich dem Orts-, Vororts- oder Nachbarortsverkehr dienenden Telegraphenlinie kann nur dann verlangt werden, wenn die anderweite Führung des der besonderen Anlage hinderlichen Teils der Telegraphenlinie auf einem Verkehrswege möglich ist."

Zur weiteren Begründung des Antrags wurde darauf hingewiesen, daß es sich bei den Telegraphenlinien für den Orts-, Vororts- und Nachbarortsverkehr und bei den besonderen Anlagen gleichmäßig um räumlich begrenzte Interessen handele, daß deshalb, wenn in Frage käme, ob die Telegraphenlinien oder die Anlagen weichen müssen, nach früher aufgestellten Grundsätzen der Anlage der Vorzug zu geben sei. An dem ungestörten Bestand der großen Inlandslinien seien aber weitere Kreise interessiert als an der Ausführung der Anlage. Aber auch die Verlegung der Linien für den Orts-, Vororts- und Nachbarortsverkehr könne billigerweise nur soweit beansprucht werden, als diese Linien der besonderen Anlage hinderlich seien.

Zur Unterstützung dieser Darlegung wurde aus der Mitte der Kommission angeführt, daß Orts-, Vororts- und Nachbarortsverkehr für die Telegraphenverwaltung fest begrenzte Begriffe seien.

Der Vertreter der bayerischen Regierung empfahl an sich dringend die Erweiterung der in erster Lesung beschlossenen Ausnahmen, erhob jedoch den Einwand, das Verlangen nach Verlegung könne nicht davon abhängig gemacht werden, daß die Führung der Linie auf einem anderen Verkehrswege möglich sei. Diese Bezeichnung sei zu unbestimmt, er empfehle, eine solche Bezeichnung zu wählen, bei der die Voraussetzung durch bestimmte Tatsachen gegeben werde.

Es wurde darauf beschlossen, die Bestimmung wie folgt zu fassen:

> „Die Verlegung einer nicht lediglich dem Orts-, Vororts- und Nachbarortsverkehr dienenden Telegraphenlinie kann nur dann verlangt werden, wenn die Telegraphenlinie ohne Aufwendung unverhältnismäßig hoher Kosten anderweitig ihrem Zwecke entsprechend untergebracht werden kann."

Zur Begründung dieser Vorschrift wurde hervorgehoben, daß natürlich nicht von der Telegraphenverwaltung in Anspruch genommen werden könne, daß sie mit den bezeichneten wichtigen Telegraphenlinien auch schon dann weichen müsse, wenn ihr die Möglichkeit offen stehe, etwa im Wege der Expropriation sich einen neuen Weg für ihre Linien zu verschaffen. Sei dagegen eine anderweitige Führung der Telegraphenlinie auf demselben Verkehrswege oder auf einem anderen Verkehrswege oder auf Grund des § 12 des Gesetzentwurfs über ein Privatgrundstück hinweg ohne Aufwendung zu großer Kosten möglich, so müsse die Verlegung der Telegraphenlinien im Interesse der neuen besonderen Anlage verlangt werden.

c) Weiter wurde beantragt, im Absatz 4 die Worte „binnen fünf Jahren nach Inbetriebsetzung der besonderen Anlage" zu streichen.

Sei ein Unterhaltungspflichtiger nur dann verpflichtet, die in diesem Absatz bezeichneten Kosten zu tragen, wenn er seinen Anteil einem nicht unterhaltungspflichtigen Dritten binnen fünf Jahren nach Inbetriebsetzung der besonderen Anlage überlasse, so sei das ein Anreiz, fünf Jahre mit der Veräußerung zu warten, dann aber zu verkaufen.

Gegen diesen Antrag erhob sich kein Widerspruch, er wurde angenommen.

Bei der Abstimmung wurde § 6 mit den beschlossenen Änderungen angenommen.

3a. Gesetz über das Telegraphenwesen des Deutschen Reichs vom 6. April 1892.

(RGBl S. 467.)

(In Kraft getreten am 26. April 1892.)

§ 1. Das Recht, Telegraphenanlagen für die Vermittelung von Nachrichten zu errichten und zu betreiben, steht ausschließlich dem Reich zu. Unter Telegraphenanlagen sind Fernsprechanlagen mitbegriffen.

§ 2. Die Ausübung des im § 1 bezeichneten Rechts kann für einzelne Strecken oder Bezirke an Privatunternehmer und muß an Gemeinden für den Verkehr innerhalb des Gemeindebezirks verliehen werden, wenn die nachsuchende Gemeinde die genügende Sicherheit für einen ordnungsmäßigen Betrieb bietet und das Reich eine solche Anlage weder errichtet hat noch sich zur Errichtung und zum Betriebe einer solchen bereit erklärt.

Die Verleihung erfolgt durch den Reichskanzler oder die von ihm hierzu ermächtigten Behörden.

Die Bedingungen der Verleihung sind in der Verleihungsurkunde festzustellen.

§ 3. Ohne Genehmigung des Reichs können errichtet und betrieben werden:

1. Telegraphenanlagen, welche ausschließlich dem inneren Dienste von Landes- oder Kommunalbehörden, Deichkorporationen, Siel- und Entwässerungsverbänden gewidmet sind;

2. Telegraphenanlagen, welche von Transportanstalten auf ihren Linien ausschließlich zu Zwecken ihres Betriebes oder für die Vermittelung von Nachrichten innerhalb der bisherigen Grenzen benutzt werden;

3. Telegraphenanlagen,

a) innerhalb der Grenzen eines Grundstücks,

b) zwischen mehreren einem Besitzer gehörigen oder zu einem Betriebe vereinigten Grundstücken, deren keines von dem anderen über 25 km in der Luftlinie entfernt ist, wenn diese Anlagen ausschließlich für den der Benutzung der Grundstücke entsprechenden unentgeltlichen Verkehr bestimmt sind.

§ 4. Durch die Landes-Zentralbehörde wird, vorbehaltlich der Reichsaufsicht (Art. 4 Ziffer 10 der Reichsverfassung) die Kontrolle darüber geführt, daß die Errichtung und der Betrieb der im § 3 bezeichneten Telegraphenanlagen sich innerhalb der gesetzlichen Grenzen halten.

§ 5. Jedermann hat gegen Zahlung der Gebühren das Recht auf Beförderung von ordnungsmäßigen Telegrammen und auf Zulassung zu einer ordnungsmäßigen telephonischen Unterhaltung durch die für den öffentlichen Verkehr bestimmten Anlagen.

Vorrechte bei der Benutzung der dem öffentlichen Verkehr dienenden Anlagen und Ausschließungen von der Benutzung sind nur aus Gründen des öffentlichen Interesses zulässig.

§ 6. Sind an einem Orte Telegraphenlinien für den Ortsverkehr, sei es von der Reichs-Telegraphenverwaltung, sei es von der Gemeindeverwaltung oder von einem anderen Unternehmer, zur Benutzung gegen Entgelt errichtet, so kann jeder Eigentümer eines Grundstücks gegen Erfüllung der von jenen zu erlassenden und öffentlich bekannt zu machenden Bedingungen den Anschluß an das Lokalnetz verlangen.

Die Benutzung solcher Privatstellen durch Unbefugte gegen Entgelt ist unzulässig.

§ 7. Die für die Benutzung von Reichs-Telegraphen- und Fernsprech-Anlagen bestehenden Gebühren können nur auf Grund eines Gesetzes erhöht werden. Ebenso ist eine Ausdehnung der gegenwärtig bestehenden Befreiungen von solchen Gebühren nur auf Grund eines Gesetzes zulässig.

§ 8. Das Telegraphengeheimnis ist unverletzlich, vorbehaltlich der gesetzlich für strafgerichtliche Untersuchungen, im Konkurse und in zivilprozessualischen Fällen oder sonst durch Reichsgesetz festgestellten Ausnahmen. Dasselbe erstreckt sich auch darauf, ob und zwischen welchen Personen telegraphische Mitteilung stattgefunden haben.

§ 9. Mit Geldstrafe bis zu eintausendfünfhundert Mark oder mit Haft oder mit Gefängnis bis zu sechs Monaten wird bestraft, wer vorsätzlich entgegen den Bestimmungen dieses Gesetzes eine Telegraphenanlage errichtet oder betreibt.

§ 10. Mit Geldstrafe bis zu einhundertfünfzig Mark wird bestraft, wer den in Gemäßheit des § 4 erlassenen Kontrollvorschriften zuwiderhandelt.

§ 11. Die unbefugt errichteten oder betriebenen Anlagen sind außer Betrieb zu setzen oder zu beseitigen. Den Antrag auf Einleitung des hierzu nach Maßgabe der Landesgesetzgebung erforderlichen Zwangsverfahrens stellt der Reichskanzler oder die vom Reichskanzler dazu ermächtigten Behörden.

Der Rechtsweg bleibt vorbehalten.

§ 12. Elektrische Anlagen sind, wenn eine Störung des Betriebes der einen Leitung durch die andere eingetreten oder zu befürchten ist, auf Kosten desjenigen Teiles, welcher durch eine spätere Anlage oder durch eine später eintretende Änderung seiner bestehenden Anlage diese Störung oder die Gefahr derselben veranlaßt, nach

Möglichkeit so auszuführen, daß sie sich nicht störend beeinflussen.

§ 13. Die auf Grund der vorstehenden Bestimmungen entstehenden Streitigkeiten gehören vor die ordentlichen Gerichte.

Das gerichtliche Verfahren ist zu beschleunigen (§§ 198, 202 bis 204 der Reichs-Zivilprozeßordnung[1]). Der Rechtsstreit gilt als Feriensache (§ 202 des Gerichtsverfassungsgesetzes, § 201 der Reichs-Zivilprozeßordnung).

[1] Jetzt §§ 221, 224—226 und 223 ZPO vom 17. Mai 1898.

§ 14. Das Reich erlangt durch dieses Gesetz keine weitergehenden als die bisher bestehenden Ansprüche auf die Verfügung über fremden Grund und Boden, insbesondere über öffentliche Wege und Straßen.

§ 15. Die Bestimmungen dieses Gesetzes gelten für Bayern und Württemberg mit der Maßgabe, daß für ihre Gebiete die für das Reich festgestellten Rechte diesen Bundesstaaten zustehen und daß die Bestimmungen des § 7 auf den inneren Verkehr dieser Bundesstaaten keine Anwendung finden.

---

3 b. Gesetz, betreffend die Abänderung des Gesetzes über das Telegraphenwesen des Deutschen Reichs vom 6. April 1892.

Vom 7. März 1908.

(RGBl. S. 79.)

Einziger Artikel.

Das Gesetz über das Telegraphenwesen des Deutschen Reiches vom 6. April 1892 (RGBl. S. 467) wird dahin geändert:

1. Der § 3 erhält folgenden Abs. 2:
Elektrische Telegraphenanlagen, welche ohne metallische Verbindungsleitungen Nachrichten vermitteln, dürfen nur mit Genehmigung des Reichs errichtet und betrieben werden.
2. Hinter § 3 werden folgende Vorschriften eingeschaltet:

§ 3 a.

Auf deutschen Fahrzeugen für Seefahrt oder Binnenschiffahrt dürfen Telegraphenanlagen, welche nicht ausschließlich zum Verkehr innerhalb des Fahrzeugs bestimmt sind, nur mit Genehmigung des Reichs errichtet und betrieben werden.

§ 3 b.

Der Reichskanzler trifft die Anordnungen über den Betrieb von Telegraphenanlagen auf fremden Fahrzeugen für Seefahrt oder Binnenschiffahrt, welche sich in deutschen Hoheitsgewässern aufhalten.

3. Der § 7 erhält folgenden Abs. 2:
Die Vorschrift des Abs. 1 Satz 1 findet auf Anlagen der im § 3 Abs. 2 bezeichneten Art erst vom 1. Juli 1913 ab Anwendung.

Sachregister.

Die Zahlen verweisen auf die Seiten.

B.

D.

E.

H.

S.

U.

G. Pätz'sche Buchdr. Lippert & Co. G. m. b. H., Naumburg a. d. S.

Guttentagsche Sammlung

Deutscher Reichsgesetze.

Text-Ausgaben mit Anmerkungen. Taschenformat.

---

1. **Verfassung des Deutschen Reichs.** Von Dr. **L. von Rönne.** **10. Aufl.** von Landrat **P. von Rönne** und Regierungsassessor **von Dobbeler.** 1912. **2 M. 60 Pf.**

2. **Strafgesetzbuch** für das Deutsche Reich nebst 20 d. wichtigsten strafrechtlichen Nebengesetze. Von Prof. Dr. **Franz v. Liszt** und Dr. **Ernst Delaquis. 24. Aufl.** 1914. 3 M.

3. **Militärstrafgerichtsordnung** nebst Einführungsgesetz. Von Wirkl. Geheimen **Kriegsrat** Dr. jur. **A. Romen** und Kriegsgerichtsrat Dr. jur. **Carl Rissom.** 1910. 6 M.

4. **Handelsgesetzbuch vom 10. Mai 1897** unter Ausschluß **des Seerechts. 15. Aufl.** Herausgegeben von Geh. Justizrat Prof. Dr. **A. Mosse. 8°.** 1915. 6 M.

5. **Wechselordnung vom 8. Juni 1908.** Kommentar von Justizrat Dr. **J. Stranz** und Rechtsanwalt Dr. **M. Stranz,** und das **Wechselstempelgesetz vom 15. Juli 1909** von Geh. Regierungsrat **P. Loeck. 11. Aufl.** 1913. 4 M.

5a. **Wechselstempelgesetz apart. 11. Aufl.** 1913. 1 M. 50 Pf.

6. **Reichsgewerbeordnung** nebst Ausführungsbestimmungen. **19. Auflage** von Stadtrat Dr. **Karl Flesch** in Verbindung mit Dr. **Friedr. Hiller** und Dr. **Herm. Luppe.** 1915. 5 M.

7. **Post- und Telegraphen-Gesetzgebung.** Nebst Weltpostvertrag und internationalem Telegraphenvertrag. **6. Aufl. von Geh. Ober-Postrat** Dr. **M. König. 1908. 4 M.**

8. **Die Reichsgesetze über den Unterstützungswohnsitz, die Freizügigkeit, den Erwerb und Verlust der Bundes- und Staatsangehörigkeit.** Von Geheimrat Dr. **J. Krech**, Mitglied des Bundesamtes für das Heimatwesen. 8. **Aufl.** 1913. 3 M. 60 Pf.

9. Sammlung **kleinerer strafrechtlicher Reichsgesetze.** Von Dr. **R. H. Kriegsmann**, Privatdozent in **Kiel. 3. Aufl.** 1910. 4 M.

10. **Das Reichsbeamtengesetz** von **J. Pieper. 2. Aufl.** 1901. 4 M. 50 Pf.

Reichsbeamtengesetz von 1907 siehe Nr. 82.

11. **Zivilprozeßordnung mit Gerichtsverfassungsgesetz.** Von **R. Sydow.** Fortgeführt von **L. Busch**, Reichsgerichtsrat, jetzt zugleich mit **A. Busch**, Gerichtsassessor. **14. Aufl.** mit Nachtrag, enth. die Novelle vom 9. Sept. 1915 über die Entlastung der Gerichte. 8°. 1913. 8 M. (Nachtrag einzeln 60 Pf.)

12. **Strafprozeßordnung und Gerichtsverfassungsgesetz** nebst den Gesetzen, betr. die Entschädigung der im Wiederaufnahmeverfahren freigesprochenen Personen und die Entschädigung für unschuldig erlittene Untersuchungshaft. Von Dr. **A. Hellweg**, Reichsgerichtsrat. **16. Aufl.** mit Nachtrag, enth. die Bekanntmachung über die Entlastung der Strafgerichte von Professor Dr. **Kohlrausch.** 1912. 3 M.

13. **Konkursordnung und Anfechtungsgesetz.** Von **R. Sydow.** Fortgeführt von **L. Busch. 12. Aufl.** 1916

14. **Gerichtsverfassungsgesetz** mit Einführungsgesetz. Herausgegeben von **R. Sydow.** Fortgeführt von **L. Busch. 9. Aufl.** 1905. Mit Nachtrag, enthaltend die Novelle vom 1. Juni 1909. 1 M. 50 Pf.

15. **Das Deutsche Gerichtskostengesetz nebst den Gebührenordnungen für Gerichtsvollzieher, Zeugen und Sachverständige.** Mit Nachtrag, enthaltend die Bestimmungen vom 10. Juni 1914. Von **R. Sydow. Weiter bearbeitet** von Reichsgerichtsrat **L. Busch** und Gerichtsassessor **Arno Busch. 9. Aufl.** mit Nachtrag, enth. die Novelle vom 10 Juni 1914. **1912. 2 M. 60 Pf.**

16. **Rechtsanwaltsordnung.** Von **R. Sydow. 5. Aufl.** von Justizrat **M. Jacobsohn.** 1907. Mit Nachtrag, enthaltend die Bestimmungen vom 22. Mai 1910. 1 M. 20 Pf.

17. Die **Deutsche Gebührenordnung für Rechtsanwälte und das Preußische Gebührengesetz** vom 27. September/6. Oktober 1899. Von **R. Sydow.** Fortgeführt von **L. Busch** und Amtsrichter **A. Busch. 11. Aufl.** 1914. 3 M.

18. **Reichsstempelgesetz** vom 3. Juli 1913. (Börsen-, Lotterie- [Spiel und Wette], Frachturkunden-, Fahrkarten-, Kraftfahrzeug-, Tantieme-, Scheck- und Grundstücksübertragungssteuer.) Mit den gesamten Ausführungsbestimmungen. **12. Aufl.** von Geh Regierungsrat **P. Loeck.** 1914. 8°. 8 M.

19. **Die Seegesetzgebung.** Von Dr. **W. E. Knitschky. 5. Aufl.** bearbeitet von Oberlandesgerichtsrat **Otto Rudorff** in **Hamburg.** 1913. 8 M.

20. **Krankenversicherungsgesetz.** Von weil. Dr. **E. von Woedtke.** Siehe **Bd.** 107.

21. **Die Konsulargesetzgebung.** Von Professor Dr. **Ph. Zorn. 8. Aufl.** bearbeitet von Reg.-Assessor Dr. **A. Zorn.** 1911. 4 M. 50 Pf.

22. **Patentgesetz.** **Nebst Ausführungsbestimmungen, völkerrechtlichen Verträgen und der Patentanwalts-Ordnung. 7. Aufl.** bearbeitet von **R. Lutter, Geh.** Reg.-Rat im Kaiserl. Patentamt. 1908. 2 M. 80 Pf.

23. **Gewerbe-Unfallversicherungsgesetz.** Von weil. Dr. **E. von Woedtke.** Siehe Bd. 108.

24. **Aktiengesellschaft und Kommanditgesellschaften auf Aktien.** Von Kammergerichtsrat Dr. **H. Keyßner** und Justizrat Dr. **H. Veit Simon. 6. Aufl.** von Amtsrichter **L. Keyßner.** 1911. 3 M.

25. **Brausteuergesetz.** vom 15. Juli 1909. Von **A. Düsse,** Oberzollrevisor. **2. Aufl.** 1910. 3 M.

26. Die Reichsgesetzgebung über **Münz- und Notenbankwesen,** Papiergeld, Prämienpapiere und Reichsschulden. Von Dr. jur. **R. Koch,** Präsident des Reichsbankdirektoriums. **6. Aufl.** 1910. 4 M.

27. Die Gesetzgebung, betr. das **Gesundheitswesen** im Deutschen Reich. Von Dr. jur. **E. Goesch** und Dr. med. **J. Karsten.** 1888. 1 M. 60 Pf.

28. **Bau-Unfallversicherungsgesetz.** Vom 30. Juni 1900. Von **R. Chrzescinski.** Siehe Bd. 108.

29. **Erwerbs- und Wirtschaftsgenossenschaften.** Von **L. Parisius** und Dr. **H. Crüger. 14. neu bearb. Aufl.** von Dr. **H. Crüger.** 1912. 1 M. 80 Pf.

30. **Invalidenversicherungsgesetz** vom 13. Juli 1899. Von weil. **Dr. E. von Woedtke.** Siehe Bd. 109.

31. **Gewerbegerichtsgesetz.** Von Stadtrat **L. Mugdan.** 7. Aufl. bearbeitet von **W. Cuno,** Oberbürgermeister zu Hagen i. W. 1911. 2 M. 50 Pf.

32. Reichsgesetz, betr. die **Gesellschaften mit beschränkter Haftung.** Von **L. Parisius** und Dr. **H. Crüger.** 13. Aufl von Dr. **H. Crüger.** 1914. 2 M.

33. **Vereins- und Versammlungsrecht.** Von Dr. **E. Ball.** 3. Aufl. von Dr. **F. Friedenthal.** 1907. 2 M. 50 Pf.

Reichs-Vereinsgesetz vom 19. April 1908 siehe Nr. 33.

34. Die **Abzahlungsgeschäfte.** Gesetz vom 16. Mai 1894. 3. vermehrte Aufl. besorgt von Dr. **E. Wilke,** Landgerichtsrat. 1910. 1 M. 25 Pf.

35. Die **Reichs-Eisenbahngesetzgebung.** Von **W. Coermann,** Kaiserl. Amtsrichter. 1895. 2 M. 25 Pf. S. auch Bd. 66.

36. Gesetze, betr. die **privatrechtlichen Verhältnisse der Binnenschiffahrt und der Flößerei.** Von **E. Löwe,** Landgerichtsrat. 5. Aufl. 1915. 3 M. 60 Pf.

37. Gesetz gegen den **unlauteren Wettbewerb.** Von Justizrat **A. Pinner.** 6. Aufl. 1912. 1 M. 50 Pf.

38/39. **Bürgerliches Gesetzbuch nebst Einführungsgesetz** von Dr. **A. Achilles.** In Verbindung mit Professor Dr. **André,** Kammergerichtsrat **Ritgen,** Reichsgerichtsrat Dr. **Strecker,** Staatsrat Dr. **v. Unzner** herausgegeben von Wirkl. Geh. Ober-Justizrat u. Oberlandesgerichtspräsident **Greiff.** 7. Aufl. mit Nachtrag, enth. die Novelle vom 8. Juni 1915 8°. 1912. 7 M.

40. Gesetz, betr. die **Pflichten der Kaufleute bei Aufbewahrung fremder Wertpapiere (Depotgesetz).** Mit Erläuterungen. Von **F. Lusensky**, Geh. Ober-Regierungsrat. 3. **Aufl.** 1916. 2 M. 25 Pf.

41. **Börsengesetz.** Von Wirkl. Geh. Ober-Regierungsrat **Th. Hemptenmacher.** 3. Aufl. von Syndikus **O. Meyer.** 1915. 3 M. 60 Pf.

42. **Grundbuchordnung** nebst den preußischen Ausführungsbestimmungen. Mit Einleitung. Von Prof. Dr. **O. Fischer.** 6. **Aufl.** mit Nachtrag, die Ergänzungen enthaltend. 1912. 2 M.

43. **Zwangsvollstreckung in das unbewegliche Vermögen** im Reiche und in Preußen. Mit Einleitung, Kosten- und Gebührentabellen. Von Dr. **J. Krech** u. Dr. **O. Fischer.** 8. **Aufl.** bearbeitet von Professor Dr. **O. Fischer.** 1916. 2 M 80 Pf.

44. Das Reichsgesetz über das **Auswanderungswesen** vom 9. Juni 1897. Von Professor Dr. **Felix Stoerk.** 1899. 2 M. 25 Pf.

45. Das **Entmündigungsrecht** unter Berücksichtigung der für Preußen geltenden Vorschriften nebst der preußischen Justiz-Ministerial-Verfügung vom 28. November 1899. Von Landgerichtsrat Dr. **P. Croll** in Cöln. 1900. 1 M. 50 Pf.

46. Die Gesetze des Reiches und Preußens über die **freiwillige Gerichtsbarkeit.** Von **Herm. Jastrow**, Amtsgerichtsrat. 5. **Aufl.** 1911. 3 M. 60 Pf.

47. Das **deutsche Vormundschaftsrecht** und das preuß. Gesetz über die Fürsorgeerziehung Minderjähriger nebst den dazu gehörigen preußischen Nebengesetzen. Von Oberverwaltungsgerichtsrat **Max Schultzenstein** und Amtsgerichtsrat Dr. **Paul Köhne.** 2. **Aufl.** 1901. 3 M.

48. Gesetze und Verordnungen, betr. den **Drogen-, Gift- und Farbenhandel** außerhalb der Apotheken. Von Dr. **J. Broh**, Rechtsanwalt. 1899. 1 M. 25 Pf.

49. Deutsche **Kolonialgesetzgebung**. Von Geh. Justizrat Professor Dr. **Philipp Zorn**. 2. Aufl. von Gerichtsassessor Dr. **Sassen**. 1913. 7 M. 50 Pf.

50. Der **Viehkauf** (Viehgewährschaft) nach dem Bürgerlichen Gesetzbuche unter Berücksichtigung des ausländischem Rechts Verordnung betr. die Hauptmängel und Gewährsfristen beim Viehhandel. Von Rechtsanwalt Dr. **H. Stölzle** und Königlichem Regierungs- und Veterinärrat **H. Weiskopf**. **5. Aufl.** 1913. 6 M.

51. **Hypothekenbankgesetz** vom 13. Juli 1899. Von Dr. **H. Göppert**. **2. Aufl.** Bearbeitet von Geh. Reg.-Rat Dr. **Seidel**. 1911. 2 M. 40 Pf.

52. **Gesetz, betreffend die gemeinsamen Rechte der Besitzer von Schuldverschreibungen.** Von Dr. **Heinrich Göppert**. **2. Aufl.** bearbeitet von Amtsrichter Dr. **E. Trendelenburg**. 1915. 1 M. 80 Pf.

53. **Reichspreßgesetz** vom 7. Mai 1874. Mit Kommentar von Erstem Bürgermeister **A. Born**. 1911, **2. Aufl.** 2 M.

54. Die Reichsgesetzgebung über den **Verkehr** mit **Nahrungsmitteln, Genußmitteln** und **Gebrauchsgegenständen.** Von Dr. **Georg Lebbin**, Nahrungsmittelchemiker in Berlin. 1900. 2 M. 25 Pf.

55. Das Recht der **Beschlagnahme von Lohn- und Gehaltsforderungen.** Von Justizrat **Georg Meyer**. **5. Aufl.** 1914. 2 M. 70 Pf.

56. Gesetz, betr. die **Bekämpfung gemeingefährlicher Krankheiten.** Nebst Ausführungsbestimmungen. Von Dr. **Bruno Burkhardt**, Regierungsrat, Mitglied des Kaiserl. Gesundheitsamts. 1900. 1 M. 40 Pf.

57. **See-Unfallversicherungsgesetz.** Von Dr. **Max Mittelstein**, Oberlandesgerichtsrat in Hamburg. Siehe Bd. 108.

58. **Das Recht der unehelichen Kinder** nach dem BGB. Von **Hermann Jastrow**, Amtsgerichtsrat. 1901. 1 M. 80 Pf.

59. Reichsgesetz über die **Beurkundung des Personenstandes und die Eheschließung.** Von Dr. **F. Fidler**, Amtsgerichtsrat. 1912. **2. Aufl.** 2 M. 50 Pf.

60. Gesetz, betreffend das **Urheberrecht an Werken der Literatur und der Tonkunst.** Von Geh. Justizrat **Otto Lindemann. 3. Aufl.** 1910. 1 M. 60 Pf.

61. Gesetz über das **Verlagsrecht.** Von Justizrat **E. Heinitz. 2. Aufl.** Bearbeitet von Rechtsanwalt Dr. **Br. Marwitz.** 1911. 1 M. 80 Pf.

62. Gesetz über **private Versicherungsunternehmungen.** Von **H. Könige**, Reichsgerichtsrat. **2. Aufl.** 1910. 4 M. 20 Pf.

63. **Gesetzestafel des Deutschen Reichsrechts.** Systematisch geordnete Nachweisung des z. Z. geltenden Reichsrechts. Von **Hugo Bruhns**, Bürgermeister. 1913. **2. Aufl.** 3 M. 50 Pf.

64. Gesetzsammlung betr. den **Handel mit Drogen und Giften.** Reichsgesetzliche Bestimmungen und Anhang mit den landesgesetzlichen Verordnungen sämtlicher Bundesstaaten. Von Rechtsanwalt **H. Sonnenfeld**, Syndikus der Berliner Drogisten-Innung. **2. Aufl.** 1912. 4 M.

65. **Das Weingesetz** in der Fassung von 1909. Mit Ausführungsbestimmungen von Dr. **Georg Lebbin**, Nahrungsmittelchemiker. **2. Aufl.** 1909. 2 M. 50 Pf.

66. Die **Eisenbahn-Gesetzgebung.** Von **W. Pietsch**, Rechnungsrat im Reichs-Eisenbahn-Amt. **2. Aufl.** 1913. 3 M. 60 Pf.

67. **Militär-Strafgesetzbuch für das Deutsche Reich** mit der Novelle vom 8. 8. 1913. Von Wirklichem Geheimen Kriegsrat Dr. **A. Romen** und Kriegsgerichtsrat Dr. **C. Rissom.** 1912. 6 M.

68. Das **Fleischbeschaugesetz.** Vom 3. Juni 1900. Von Dr. **Georg Lebbin**, Nahrungsmittelchemiker und Rechtsanwalt Dr. **Georg Baum.** 1903. 4 M.

69. Reichsgesetz über die **Naturalleistungen der bewaffneten Macht im Frieden** nebst den in Preußen geltenden Bestimmungen. Von Landrat Dr. **Walter v. Hippel.** 1903. 1 M. 25 Pf.

70. Das **Reichs-Haftpflichtgesetz**, vom 7. Juni 1871. Von Regierungsrat Dr. **G. Eger.** 1903. 3 M.

71. **Kinderarbeit in gewerblichen Betrieben**, vom 30. März 1903. Von **H. Spangenberg**, Oberverwaltungsgerichtsrat. **2. Aufl.** 1904. 1 M. 60 Pf.

72. **Unfallversicherungsgesetz für Land- und Forstwirtschaft** von weil. Dr. **E. von Woedtke.** Siehe Band 108.

73. **Entschädigung für unschuldig erlittene Verhaftung und Bestrafung.** Nebst Anhang, enthaltend die dazu gehörigen Nebengesetze über Schadensersatz. Von Dr. jur. **A. Romen**, Wirklichem Geheimen Kriegsrat. 1904. 2 M.

74. Die **Kaufmannsgerichte** nebst den preuß. Ausführungsbestimmungen. Von Professor Dr. **Max Apt. 3. Aufl.** 1905. 2 M.

75. Reichsgesetz über die **Konsulargerichtsbarkeit.** Von Dr. jur. **A. F. Vorwerk**, Rechtsanwalt in Schanghai. 2. Ausgabe, mit dem Schutzgebietsgesetz und der Ausführungsverordnung, betr. die Rechtsverhältnisse in den Schutzgebieten. 1908. 2 M.

76. **Die Rechtshilfe im Verkehr mit den ordentlichen Gerichten nach deutschem Reichsrecht.** Von Landrichter Dr. **A. Friedländer.** 1906. 1 M. 80 Pf.

77. **Das Reichserbschaftssteuergesetz.** Vom 3. Juni 1906. Von **Ulrich Hoffmann**, Rechnungsrat im Königl. Preuß. Finanzministerium. **2. Aufl.** mit Nachtrag, enth. die Bestimmungen v. 3. Juli 1913. **1911. 5 M.**

78. **Zigarettensteuergesetz.** Vom 15. Juli 1909. Von Dr. **Cuno**, Regierungsassessor. **2. Aufl.** in Vorbereitung.

79. **Die Militärpensionsgesetze** vom 31. Mai 1906 nebst Ausführungsbestimmungen. Zum Gebrauch für Heer, Marine und Schutztruppe von Dr. jur. **A. Romen**, Wirklicher Geheimer Kriegsrat.
   a) I. Teil: Offizierpensionsgesetz. 1907. 3 M. 50 Pf.
   b) II. Teil: Mannschaftsversorgungsgesetz. 1908. 3 M. 50 Pf.

80. Reichsgesetzgebung über **gerichtliche Registerführung.** Von **Otto Lindemann, Geh. Justizrat.** 1906. 3 M.

81. Gesetz, betr. **Urheberrecht an Werken der bildenden Künste und der Photographie.** Von Dr. **Ludwig Fuld**, Rechtsanwalt. 1907. 1 M.

82. **Reichsbeamtengesetz** in der Fassung vom 18. Mai 1907 und seine Ergänzungen von Geheimrat Professor Dr. **Adolf Arndt**. 1908. 3 M.

83. Reichsgesetz über **den Versicherungsvertrag** nebst Einführungsgesetz. Von Dr. **Paul Hager** und Dr. **E. Bruck**. **3. vermehrte und verbesserte Auflage.** 1913. 6 M.

84. **Sammlung kleinerer privatrechtlicher Reichsgesetze** von Oberlandesgerichtsrat **Georg Müller.** 1908. 6 M. 50 Pf.

85. **Scheckgesetz** mit Einleitung usw. Von Prof. Dr. **Max Apt. 5. Aufl.** Mit Postscheckordnung vom 6. Nov. 1908 und im Anhang „Besteuerung des Schecks". 1909. 2 M.

86. **Die Auslieferungsverträge des Deutschen Reiches** von Landrichter **A. Cohn.** 1908. 4 M.

87. Gesetz zum **Schutz der Warenbezeichnungen.** Von Geh. Reg.-Rat, Mitglied des Patentamts Dr. **Freund** und Rechtsanwalt **Magnus. 5. Aufl.** 1909. 3 M. 50 Pf.

88. **Vereinsgesetz** vom 19. April 1908. Von Dr. jur. **A. Romen**, Wirkl. Geh. **Kriegsrat. 3. Aufl** 1912. 2 M. 50 Pf.

89. **Vogelschutzgesetz** vom 30. Mai 1908 nebst den das Flugwild betr. Bestimmungen der Preußischen Jagdordnung von Dr. jur. **Leo von Boxberger.** 1908. 1 M.

90. Die Haager Abkommen über das **Internationale Privatrecht.** Von Dr. **G. A. E. Bogeng.** 1908. 2 M. 20 Pf.

91. **Eisenbahn-Verkehrsordnung** vom 23. Dez. 1908. Mit Ausführungsbestimmungen. Von Regierungsrat Dr. **Ernst Blume.** 1909. 2 M. 50 Pf.

92. Gesetz, betr. den **Verkehr mit Kraftfahrzeugen.** Von Amtsgerichtsrat **R. Kirchner. 3. Aufl.** 1915. 4 M.

93. Gesetz über die **Sicherung der Bauforderungen** von Justizrat Dr. **E. Harnier. 2. Aufl.** 1912. 1 M. 60 Pf.

94. **Haftpflicht der Reichs- und Staats-Beamten** von Dr. **H. Delius. 2. Aufl.** Mit dem Gesetz über **Haftung des Reichs für Beamte** vom 22. 5. 1910. 3 M. 50 Pf.

95. Die Berner Uebereinkunft über **internationales Urheberrecht** von Geh. Ob.-Reg.-Rat Dr. **Herm. Dungs.** 1910, 1 M.

96. **Branntweinsteuergesetz** vom 15. Juli 1909. Unter Berücksichtigung der für das Reich erlassenen Ausführungsbestimmungen und Kriegsverordnungen. **1. Aufl.** von Geh. Reg.-Rat **Johs. Raț. 2. Aufl.** bearbeitet von Reg.-Ass. Dr. **K. Kniebe,** Hilfsarbeiter im Reichsamt des Innern. 1916. 4 M.

97. **Schutzgebietsgesetz** nebst Verord. betr. die Rechtsverhältnisse in den Schutzgebieten, dem Gesetz über die Konsulargerichtsbarkeit sowie den Ausführungsbest. Von **Johs. Gerstmeyer,** Wirkl. Legationsrat und vortrag. Rat im Reichskolonialamt 1910. 3 M.

98. **Sechs Haager Abkommen über Internationales Privatrecht.** Von Geh. Ob.-Reg.-Rat Dr. **Herm. Dungs.** 1910 1 M. 50 Pf.

99. **Die Abkommen der Haager Friedenskonferenz.** Von Dr. jur. **Hans Wehberg.** 1910. 3 M.

100. Gesetz über den **Absatz von Kalisalzen.** Von Geh. Bergrat **Carl Voelkel.** 1910. 2 M. 40 Pf.

101. **Zuwachssteuergesetz** vom 14. Februar 1911. Von Dr. **W. Cuno,** Geheimer Regierungsrat im Reichsschatzamt. 1911. 3 M. 60 Pf.

102. **Urheberrecht an Mustern und Modellen** u. Ges. betr. Schutz v. Gebrauchsmustern von Reg.-Rat **Johs. Neuberg**, Mitgl. d. K. Patentamts. 1911. 2 M. 40 Pf.

103. **Reichs-Viehseuchengesetz** vom 26. Juni 1909 nebst Ausführungsvorschriften u. dem preuß. Ausführungsgesetz. Von Landrat Dr. **Walter v. Hippel. 2. Aufl.** 1912. 4 M. 50 Pf.

104. **Versicherungsgesetz** für Angestellte vom 20. Dez. 1911. Von Rechtsanwalt **O. Bernstein** und Dr. **J. Kupferberg. 2. Aufl.** 1912. 8 M. 50 Pf.

105. **Das Geldwesen in den deutschen Schutzgebieten.** Von **W. Hintze**, Geheimer exped. Sekretär im Reichskolonialamt. 1912. 2 M.

106—109. **Reichs-Versicherungsordnung nebst Einführungsgesetz:** Herausgegeben unter Mitwirkung von Dr. **F. Caspar**, Wirkl. Geh. Rat, Direktor im Reichsamt d. Innern und **A. Spielhagen**, Geh. Ob.-Reg.-Rat, vortr. Rat im Reichsamt d. Innern. 4 Bände.

106. Erstes, fünftes und sechstes Buch. **Gemeinsame Vorschriften. — Beziehungen der Versicherungsträger zu einander und zu anderen Verpflichteten. — Verfahren.** Bearbeitet von Dr. **K. Lippmann**, Reg.-Rat im Reichsversicherungsamt, Professor, Geh. Reg.-Rat Dr. **L. Laß** und Geh. Reg.-Rat **H. Siefart**, vortrag. Räte im Reichsamt des Innern 1913. 6 M.

107. Zweites Buch. **Krankenversicherung.** Von Geh. Reg.-Rat **H. Siefart** und Regierungsrat Dr. **Sitzler**. Im Druck.

108. Drittes Buch. **Unfallversicherung.** Von Geh. Reg.-Rat **A. Radtke**, Senatsvorsitzender im Reichsversicherungsamt. 1913. 8 M.

109. Viertes Buch. **Invaliden- und Hinterbliebenenversicherung.** Bearbeitet von Geh. Ober-Regierungs-Rat **B. Jaup**, vortragender Rat im Reichsamt des Innern und **H. Follmann**, Geh. Reg.-Rat im Reichsversicherungsamt. 1912. 4 M.

110. **Wehrbeitragsgesetz** mit Ausführungsbestimmungen. Von Geheimem Ober-Finanzrat **A. Fernow.** 2. **Aufl.** 1913. 2 M.

111. **Reichs- und Staatsangehörigkeitsgesetz.** Vom 22. Juli 1913. Von Dr. **A. Romen,** Wirklichem Geheimen Kriegsrat. 1913. 2 M. 20 Pf.

112. **Kaufmannsgerichtsgesetz** und die anzuwendenden Bestimmungen des Gewerbegerichtsgesetzes unter besonderer Berücksichtigung der Literatur und Rechtsprechung. Von Magistratsrat Dr. **H. Depène,** Vorsitzender des Kaufmannsgerichts Berlin. 1914. 2 M. 60 Pf.

113. **Postscheckgesetz.** Von Oberpostinspektor **J. Weiland.** 1914. 1 M. 50 Pf.

113a. **Postscheckordnung** mit Ausführungsbestimmungen. Von Oberpostinspektor **J. Weiland.** 1914. 1 M. 50 Pf.

114. **Waffengebrauch und Festnahmerecht des Militärs.** Von Dr. **A. Romen,** Wirkl. Geh. Kriegsrat und Dr. **E. Rissom,** Kriegsgerichtsrat. 1914. 2 M.

115. **Das vertragliche Wettbewerbsverbot (Konkurrenzklausel).** Nebst Kommentar zum Gesetz vom 10. Juni 1914. Von Rechtsanwalt Dr. **G. Baum.** 1914. 3 M.

116. **Kriegs-Zivil- und Finanzgesetze** vom 4. August 1914 und den dazu erlassenen Verordnungen und Bekanntmachungen. **3. Aufl.** 1915. 2 M. 40 Pf.

116a. **Kriegs-Zivil- und Finanzgesetze** II. Das Jahr 1915. 1916. 2 M.

117. **Darlehnskassengesetz** von **Salomon** und **Bud.** 1915. 2 M.

118. **Militärhinterbliebenengesetz** von **Reh.** 1915. 2 M. 50 Pf.

119. **Kriegsleistungsgesetz** von **Heilberg** und **Schäffer.** 1915. 3 M.

In Vorbereitung:

Besitzsteuergesetz (Vermögenszuwachssteuergesetz) und **Kriegsgewinnsteuergesetz.** Von Oberwaltungsgerichtsrat **Mrozek.**

Guttentagsche Sammlung

Preußischer Gesetze.

Textausgaben mit Anmerkungen. Taschenformat.

---

1. **Die Verfassungs-Urkunde für den Preußischen Staat.** Mit Einleitung, vollständigem **Kommentar.** Von Prof. Dr. **Adolf Arndt. 7. Aufl.** 1911. **4 M.**

2. **Preußische Beamten-Gesetzgebung.** Enthaltend die wichtigsten Beamtengesetze in Preußen. Von **C. Pfafferoth. 5., neubearb. Aufl.** 1916. 3 M.

3. **Die Aufnahme des Nottestaments** durch die bestellten Urkundspersonen. Anweisung mit Musterbeispielen und Abriß des Erbrechts von Amtsgerichtsrat **C. Kurtz.** 1904. 1 M. 50 Pf.

4. **Gebührenordnung** für **Notare** vom 25. Juli 1910. **4. Aufl.** bearbeitet von Justizrat **Rausnitz.** 1910. 2 M. 20 Pf.

5. Gesetz vom **24. April 1854 (betr. die außerehel. Schwängerung).** Von Dr. **Schulze.** 1873. 75 Pf.
   Gültiges Recht siehe: Reichsgesetze Nr. 58.

6. Die Preuß. **Ausführungsgesetze und Verordnungen zu den Reichs-Justizgesetzen.** Von **R. Sydow.** Siehe Seite 24, Busch-Eylau, Ausführungsgesetze.

7. Allg. **Gerichtsordnung** und Preuß. **Konkursordnung.** Von **F. Vierhaus.** Vergriffen.

8. **Vormundschaftsordnung.** Von **F. Schultzenstein.**
   Gültiges Recht siehe: Reichsgesetze Nr. 47.

9. Die Preußische **Grundbuchgesetzgebung.** Von Prof. Dr. **Fischer.** Vergriffen. Siehe: Reichsgesetze Nr. 42.

10. **Einkommensteuergesetz.** Von **A. Fernow,** Geh. Ober-Finanzrat. **8. Aufl.** 1913. 5 M.

11. **Gewerbesteuergesetz.** Von **A. Fernow,** Geh. Ober-Finanzrat. **6., vermehrte Aufl.** 1915. 4 M. 50 Pf.

12. **Allgemeines Berggesetz.** Mit seinen Novellen und Nebengesetzen. **3. Aufl.,** bearbeitet von den Oberbergräten **Schlüter** und **Hense.** 1913. 7 M. 50 Pf.

13. **Ergänzungssteuergesetz** (Vermögenssteuergesetz). Von **A. Fernow,** Geh. Ober-Finanzrat. **5. Aufl.** 1914. 1 M.

14. **Kommunalabgabengesetz.** Vom 14. Juli 1893 und Gesetz wegen Aufhebung direkter Staatssteuern. Von Dr. **F. Adickes,** Oberbürgermeister. **5. Aufl.** Bearbeitet von Stadtrat Dr. **Woell.** 1911. 2 M. 40 Pf.

15. Die **Kreisordnungen** für den Preußischen Staat. Von O. **Kolisch,** Landgerichtsrat. 1894. 4 M.

16. **Konzessionierung gewerblicher Anlagen.** Preuß. Ausführungs-Anweisung zu §§ 16 u. ff. der Gewerbe-Ordnung. Von Dr. **W. v. Rüdiger,** Geh Regierungs- u. Gewerberat **2. Aufl.** 1901. 2 M.

17. **Preußisches Gerichtskostengesetz.** Vom 25. Juli 1910. Mit Kostentabellen. Von Dr. **P. Simeon, Kammergerichtsrat. 7. Aufl.** 1913. 4 M.

18. Preußisches **Stempelsteuergesetz** vom 30. Juni 1909. Mit sämtlichen Ausführungsbestimmungen. Von **P. Loeck**, Geh. Regierungsrat. 8. **Aufl.** von Regierungsrat **W. Seyffarth.** 8 M.

19. Das **Jagdscheingesetz.** Von **F. Kunze**, Wirklichem Geh. Ober-Regierungsrat. **2. Aufl.** 1899. 2 M.

20. Die **preußischen Erbschaftssteuergesetze.** Von **U. Hoffmann**, Rechnungsrat im Königl. preuß. Finanzministerium. 1905. 4 M.

(**Reichs**-Erbschaftssteuergesetz s. Reichsgesetze Nr. 77).

21. Gesetz **über die Handelskammern.** Von **F. Lusensky**, Geh. Regierungsrat. **2. Aufl.** 1909. 3 M.

22. Gesetz, betr. **Anstellung und Versorgung der Kommunalbeamten.** Von Dr. **W. Ledermann. 2. Auflage.** Bearbeitet von Dr. **Ludwig Brühl.** 1914. 2 M. 20 Pf.

23. **Ausführungsgesetz zum Bürgerlichen Gesetzbuche.** Von **Kammergerichtsrat** Dr. **P. Siméon. 3. Aufl.** 1914. 2,20 M.

24. Die **Hinterlegungsordnung** nebst Ausführungsbestimmungen. Von Regierungsrat Dr. **Georg Bartels. 2. Aufl.** 1908. 2 M.

—, Gesetz vom 21. April 1913 s. Nr. 53.

25. **Preußische Kommunalbeamtengesetzgebung.** Von Magistrats-Assessor Dr. **Fr. Kremski**, Berlin. 1901. 3 M.

26. **Gesetze über das Diensteinkommen der Lehrer und Lehrerinnen, Ruhegehalt und Fürsorge für Hinterbliebene. Tabelle zur Berechnung der Ruhegehalts-, Witwen- und Waisenbezüge.** Von Dr. **Ed. Cremer, Beigeordneter.** 1900. 2 M. 40 Pf.

27. Gesetz, betreffend die Warenhaussteuer. Von Geh. Ober-Finanzrat Dr. G. Strutz. 1900. 1 M. 20 Pf.

28. Gesetz über die Fürsorgeerziehung Minderjähriger. Von Landgerichtsdirektor Dr. P. F. Aschrott. 2. umgearbeitete Aufl. 1907. 2 M. 80 Pf.

29. Gesetz, betr. die ärztlichen Ehrengerichte, das Umlagerecht und die Kassen der Aerztekammern. Von Amtsgerichtsrat Dr. F. Fidler. 1901. 1 M. 50 Pf.

30. Das Preußische Staatsschuldbuch und Reichsschuldbuch. Von Wirkl. Geh. Ober-Finanzrat J. Mücke. 1902. 2 M.

31a. Die geltenden Preußischen Gesindeordnungen. Herausgegeben in zwei Bänden von Stephan Gerhard, Rechtsanwalt in Berlin.

Band I: Gesindeordnung für die altpreußischen Provinzen vom 8. Nov. 1810, bearbeitet mit ausführlichen Erläuterungen unter Berücksichtigung der Ergänzungsgesetze, der Rechtsverhältnisse der Stellenvermittler und der Reichsversicherungsordnung, sowie die Gesindeordnungen für Neuvorpommern und Rügen und für die Rheinprovinz. 2. Aufl. 1914. 3 M.

31b. Band II: Gesindeordnungen für Hannover, Schleswig-Holstein, Hessen-Nassau und den Regierungsbezirk Hohenzollern. 2 M. 50 Pf.

Siehe auch Seite 25: Ratgeber von Grieben.

32. Die Städteordnung für die sechs östlichen Provinzen Preußens vom 30. Mai 1853. Von Stadtrat Dr. Walter Ledermann u. Magistratsrat Dr. Ludwig Brühl. 2. Aufl. 1913. 7 M. 50 Pf.

33. Rentenguts- und Anerbenrechts-Gesetzgebung in Preußen. Von Landgerichtsrat M. Peltasohn und Rechtsanwalt Bruno Peltasohn. 1903. 8 M.

34. Sammlung der wichtigsten **preußischen Strafgesetze** nebst Anhang: Gesetz betr. polizeiliche Strafverfügungen vom 23. April 1883. Von **Otto Lindemann**, Geheimen Justizrat. 1912. **2. Aufl.** 3 M. 50 Pf.

35. **Geschäftsordnung für Gerichtsvollzieher.** Von **Emil Exner.** 1904. 3 M. 50 Pf.

36. **Polizeiverordnungen in Preußen.** Von **Otto Lindemann**, Geheimen Justizrat. 1912. **2. Aufl.** 2 M. 50 Pf.

37. Gesetz über die **Enteignung von Grundeigentum** vom 11. Juni 1874. Von Oberlandesgerichtsrat **O. Meyer**. **2. Aufl.** 1911. 2 M. 25 Pf.

38. **Kreis- und Provinzial-Abgabengesetz.** Vom 23. April 1906. Von **Fr. Schmidt**, Gemeindevorsteher. 1906. 1 M. 25 Pf.

39. Gesetz, betr. die **Unterhaltung der öffentl. Volksschulen.** Von Dr. **A. Marcks**, Regierungsrat. 1906. 2 M.

40. **Verwaltungsstrafverfahren** bei Zuwiderhandlungen gegen die Zollgesetze und indirekte Reichs- und Landesabgaben. Von Dr. **Richard Katzenstein.** 1907. 3 M. 60 Pf.

41. **Die preußischen Jagdpolizeigesetze.** Von **Fr. Kunze**, Wirkl. Geh. Oberregierungsrat und **R. Kühnemann**, Rechtsanwalt. **2. Aufl.** 1907. 3 M. 60 Pf.

42. Die Gesetzgebung über die **Allgemeine Landesverwaltung** und über die **Zuständigkeit der Verwaltungs- und Verwaltungsgerichtsbehörden.** Von Rechtsanwalt Dr. **Karl Friedrichs.** 1908. 3 M.

43. Gesetz betr. die **Zulassung einer Verschuldungsgrenze** für land- und forstwirtschaftlich benutzte Grundstücke. Von Dr. jur. **R. Leweck**, Syndikus. 1908. 2 M. 40 Pf.

44. **Quellenschutzgesetz** nebst den Ausführungsbestimmungen von **Carl Voelkel**, Geheimer Bergrat. 1909. 1 M.

45. **Rechtsverhältnisse der Juden in Preußen** von Dr. jur. **Max Kollenscher**, Rechtsanwalt. 1910. 2 M. 40 Pf.

46. **Austritt aus der Landeskirche** vom 14. Mai 1873. Von Gerichtsassessor **Hrch. Chr. Caro.** 1911. 2 M. 40 Pf.

47. Gesetz, betr. die **Feuerbestattung** von Amtsgerichtsrat Dr. **W. Lohmann.** 1911. 1 M. 50 Pf.

48. **Zweckverbandsgesetz für Groß Berlin** vom 19. Juli 1911 nebst Abdruck des allgemeinen Zweckverbandsgesetzes. Von Magistratsräten Dr. **Ludw. Brühl**, Dr. **Kurt Gordan** und Stadtrat Dr. **Walter Ledermann** in Berlin. 1912. 4 M.

49. **Gesetze gegen die Verunstaltung landschaftlich hervorragender Gegenden** mit Ausführungsanweisungen. Von Regierungsrat **Otto Goldschmidt.** 1912. 2 M. 50 Pf.

50. **Gesetz, betr. die Anlegung und Veränderung von Straßen und Plätzen in Städten und ländlichen Ortschaften** von Oberlandesgerichtsrat **O. Meyer.** 1912. 3 M.

51. **Das preußische Disziplinargesetz für die nichtrichterlichen Beamten** nebst dem Disziplinargesetze für die Privatdozenten. Von Regierungsrat Dr. **Eugen v. Dultzig.** 4 M. 50 Pf.

52. **Preußisches Wassergesetz** v. 7. April 1913 von Rechtsanwalt **Georg Wulff** und Rechtsanwalt **Ferd. Herold.** 1913. 5 M.

53. **Hinterlegungsordnung** v. 21. April 1913. **Von Hagemann,** Landrichter. 2 M. 25 Pf.

54. Gesetz, betr. die **Anlegung von Sparkassenbeständen in Inhaberpapieren** nebst Ausführungsverordnung vom 8. Mai 1913. Kommentar von Rechtsanwalt **Herbert Döhring.** 2 M.

Guttentagsche Sammlung von Textausgaben mit Sachregister ohne Anmerkungen.

Taschenformat, elegant in Leinen gebunden.

Zivilprozeßordnung mit **Gerichtsverfassungsgesetz** und **Einführungsgesetzen.** Neueste Fassung. 2 M.

Konkursordnung mit **Einführungsgesetz. 2. Aufl.** 1915. 1 M.

Bürgerliches Gesetzbuch nebst **Einführungsgesetz.** 10. Abdruck. 2 M. 50 Pf.

Handelsgesetzbuch nebst **Einführungsgesetz** und **Seerecht.** 8. Abdruck. 1910. 1 M. 80 Pf.

Reichsversicherungsordnung von 1911 (Kranken-, Unfall-, Invaliden- u. Hinterbliebenenversicher.). 20—30 Tausend. 2 M.

Militärstrafgerichtsordnung nebst **Einführungsgesetz.** 1 M. 50 Pf.

Militär-Strafgesetzbuch. 2. Aufl. 1916. 1 M. 20 Pf.

Wechselordnung mit Anhang: **Wechselprozeß und Ausführungsanweisung.** 1908. 1 M.

Die Preußischen Ausführungsgesetze zum Bürgerlichen Gesetzbuche und Nebengesetze. 5. Aufl. 1 M. 80 Pf.

Reichsfinanzgesetze von 1909 einschließlich der **Reichsstempelgesetze** und des **Erbschaftssteuergesetzes.** 1909. 2 M.

Zuwachssteuergesetz vom 14. Februar 1911. 80 Pf. **Ausführungsbestimmungen** dazu 60 Pf.

Versicherungsgesetz für Angestellte vom 20. Dez. 1911. 1 M. 25 Pf.

Strafgesetzbuch. Mit ausführl. Sachregister. 1912. 1 M. 20 Pf.

Strafprozeßordnung. 2. Aufl. 1915. 1 M. 50 Pf.

Wehrbeitrag und **Besitzsteuer.** Mit ausführl. Sachregister. 1913. 1 M.

Kriegsgewinnsteuer. 60 Pf.

Die Preußischen Ausführungsgesetze, Verordnungen und ministeriellen Verfügungen zu dem Bürgerlichen Gesetzbuche und den Reichs-Justizgesetzen nebst anderen zugehörigen Gesetzen. Von **L. Busch. 2. Aufl.** von Landrichter **O. Eylau.** 8°. **Preis geb. 4 M. 50 Pf.**

Preußische Bürgerliche Gesetzsammlung. Sammlung der noch geltenden Landesgesetze privatrechtlichen Inhalts. Herausgegeben von den Gerichtsassessoren **D. Fischer** und Dr. **F. Schroeder. 8°.** 2 Bände Preis geb. in ganz Leinen 20 M.

Erster Band: **Das Allgemeine Landrecht mit den Einführungs-Patenten.** Preis 6 M.

Zweiter Band: **Gesetze von 1778—1902.** Preis 14 M.

Kommentar zum Stellenvermittlergesetz vom 2. Juni 1910 unter besonderer Berücksichtigung des zivilrechtlichen Gesetzesinhaltes mit den Ausführungsbestimmungen für **Preußen, Bayern, Sachsen** von **M. K. Samter,** Amtsgerichtsrat. 1912. Gr.-8°. Preis 4 M., geb. 5 M.

Die Gerichtspraxis. Herausgegeben von Kammergerichtsrat Dr. **Ernst Pape** in Verbindung mit Amtsrichter **E. Armstroff,** Berlin-Lichterfelde, Staatsanwalt Dr. **C. Falk,** Berlin, Kammergerichtsrat **M. Gfrörer,** Berlin, Amtsrichter **Wilh. Häuseler,** Berlin-Weißensee, Amtsgerichtsrat **Georg Krause,** Berlin-Tempelhof, Amtsgerichtsrat **L. Levy,** Charlottenburg, Landrichter Dr. **Max Nadler,** Berlin, Amtsgerichtsrat **H. Riefenstahl,** Berlin. 1914. Gr. 8°. Geb. 18 M. 50 Pf.

Prozeßrechtlicher Schutz der Kriegszeit. Ein Kommentar zum Gesetz vom 4. August 1914, betr. den Schutz der infolge des Krieges an der Wahrnehmung ihrer Rechte behinderten Personen von Landrichter a. D. Dr. **Sieskind. 2. Aufl.** 1915. Preis geb. 3 M.

Die Invaliden- und Hinterbliebenenversicherung nach der Reichsversicherungsordnung. Eine systemat. Zusammenstellung der gesetzl. Bestimmungen von Dr. **Richard Freund**, Vorsitzendem der Landes-Versicherungsanstalt Berlin. 1911. 2 M., geb. 3 M.

Wie leitet man eine Versammlung? Geschäftlicher Handweiser für Vorsitzende. Von einem Mitgliede des deutschen Reichstages und des preußischen Abgeordnetenhauses. **2. Aufl.** 1908. kart. 1 M.

Praktischer Ratgeber für Dienstherrschaften nach dem Preuß. Gesinderecht unter Berücksichtigung der neueren Entscheidungen bearbeitet von **H. Grieben**, Verwaltungsdirektor a. D. und Bürgermeister. 1908. 1 M.

Das Recht der Handlungsgehilfen und Handlungslehrlinge. Von Rechtsanwalt **Hugo Horrwitz**. **2. Aufl.** Geb. 3 M.

Die Registratur. Von **Hermann Kollrack**. **2. Aufl.** 1906. 8°. **Kart.** 1 M. 40 Pf.

Die Pflichten des Waisenrates. Ein praktischer Leitfaden für Waisenräte und Verwaltungsbeamte. Von **F. Baum**, Geh. Justizrat und Vormundschaftsrichter. 8. **vermehrte und verbesserte Auflage.** 1906. 8°. 60 Pf.

Der Vormund, Gegenvormund, Pfleger und Familienrat. Nach dem Bürgerlichen Gesetzbuch, dem Reichsgesetz über die Angelegenheiten der freiwilligen Gerichtsbarkeit und dem Ausführungsgesetz zum BGB. Ein praktischer Leitfaden. Von **F. Baum**, Geh. Justizrat und Vormundschaftsrichter. 1899. 8°. 50 Pf.

Schlagwort-Register.

R. = Nummer der Sammlung Deutscher Reichsgesetze.
P. = Nummer der Sammlung Preußischer Gesetze.
S. = Seite.

Schlagwort-Register. (R. = Reichsgesetz, P. = preuß. Gesetz.)

Schlagwort-Register. (R. = Reichsgesetz, P. = preuß. Gesetz.)

 Nr. 5. V. 1916. 19 000.